A través de los Ojos del Alma, Día de Muertos en México

~ Michoacán ~

Through the Eyes of the Soul, Day of the Dead in Mexico

~ Michoacan ~

1

Dedicatoria

Para mi familia y amigos que me han apoyado incondicionalmente y han compartido mis sueños.

Mi agradecimiento a la Secretaría de Promoción y Fomento Turístico del estado de Michoacán, por su contribución en la publicación de este libro.

A Través de los Ojos del Alma, Día de Muertos en México, Mary J. Andrade
© 1996

http://www.dayofthedead.com

Publicado por La Oferta Review Newspaper, Inc.
1376 North Fourth Street
San Jose, California 95112
(408) 436-7850
http://www.laoferta.com

Mapas: Oficina de Turismo de Michoacán, México

Diseño y Producción: Laser.Com, San Francisco
(415) 252-3341

Impresión: Pacific Rim International Printing
Los Angeles, California

Tercera Edición: 2003

Dedication

To my family and friends who have supported me through this journey and have shared my dreams. I want to thank the Tourism Office of the State of Michoacan for its contribution to the publication of this book.

Through the Eyes of the Soul, Day of the Dead in México, Mary J. Andrade
© 1996

http://www.dayofthedead.com

Published by La Oferta Review Newspaper, Inc.
1376 North Fourth Street
San Jose, California 95112
(408) 436-7850
http://www.laoferta.com

Maps: Office of Tourism, Michoacán, México

Design and Production: Laser.Com, San Francisco
(415) 252-3341

Printed by: Pacific Rim International Printing
Los Angeles, California

Third Edition: 2003
Library of Congress Catalog Card Number: 98-91694
ISBN #0-9665876-0-X

ndice

Index

Ubicado en el extremo centro occidente de la República Mexicana, el estado de Michoacán de Ocampo toma su nombre del náhuatl, que significa "Lugar de Pescadores" y del prócer de La Reforma, don Melchor Ocampo. Fue cuna del imperio purépecha que se extendió por casi todo el centro de la República Mexicana.

La belleza de sus ritos, su folklore, gastronomía, el color de sus artesanías y la hospitalidad de su gente lo hacen lugar obligado a visitar y conocer.

En las áreas de los lagos de Pátzcuaro y Zirahuén, la fiesta dedicada a honrar la memoria de los muertos se manifiesta en todo su esplendor.

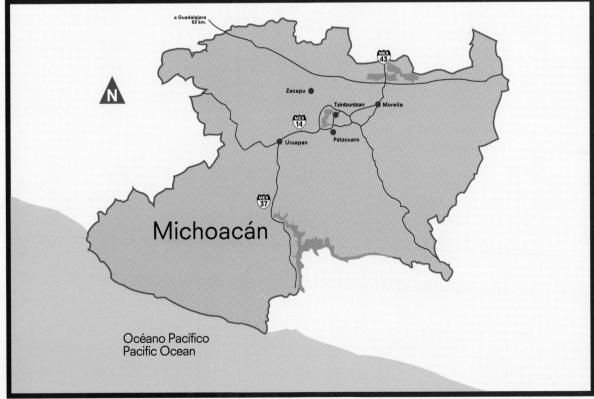

Located in the center of the Mexican Republic, the state of Michoacan de Ocampo takes its name from the Nahua language, which means "Place of fishermen" and from the hero of the Reform Movement, Don Melchor Ocampo. Michoacan was the cradle of the Purepecha Empire, that extended throughout the center of Mexico.

The beauty of their rituals, its folklore, gastronomy, the color of its craftsmanship and the hospitality of its people, make it a place to visit and to know.

In the areas of the lakes of Patzcuaro and Zirahuen, the celebration dedicated to honor the memory of the dead is full of splendor.

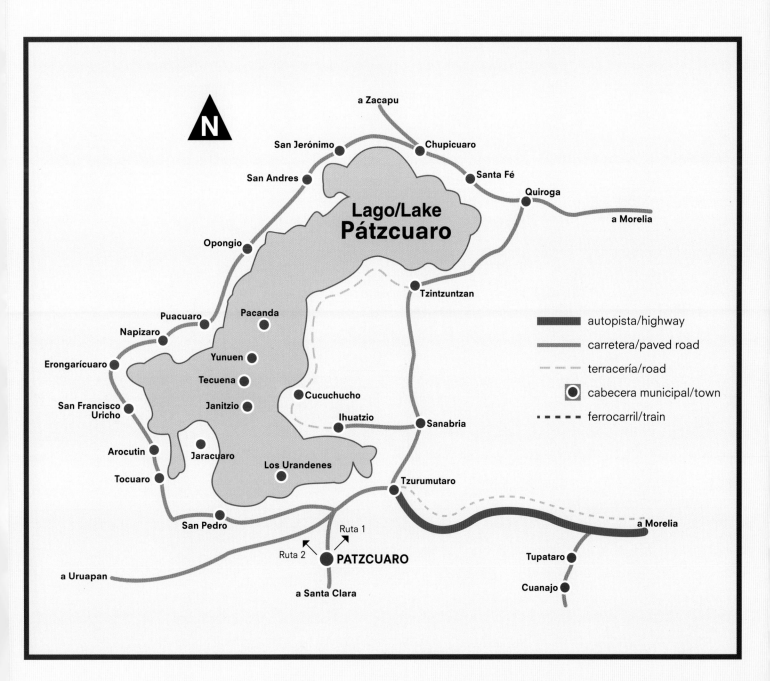

22
de
Marzo
de
1995

Fallecio la

Introducción

Uno de los primeros rasgos que caracterizó a los hombres primitivos, fue sin duda, el culto a sus antepasados. Los enterramientos múltiples o sencillos hallados en cuevas y abrigos rocosos son evidencia de su preocupación por penetrar en el misterio del más allá. Las ofrendas a los muertos, por sencillas que parezcan, indican su creencia de que las almas trascienden la vida terrenal.

La preocupación del hombre primitivo por dejar la huella de su paso fue un hecho común y corriente. Varios medios se usaron para ello. A través de la leyenda perduraron los cantos, los dramas y las acciones épicas. Los obeliscos y otros monumentos dicen, en forma tal vez más perdurable, del alma y la mente de las civilizaciones que los erigieron.

Las civilizaciones posteriores no borraron esas costumbres, por lo contrario, las incrementaron al punto de anteponerlas a todas las demás. Por ejemplo, entre los egipcios, el culto a los muertos, más que costumbre, era obsesión. Los faraones y señores principales se pasaban la vida diseñando el aposento en donde reposarían eternamente. La construcción de pirámides y túmulos funerarios requirió la participación masiva del pueblo en trabajo obligatorio. Las pirámides conservan la marca perdurable de las manos que las construyeron.

Las civilizaciones que habitaron antiguamente el territorio de lo que hoy es México, no eran muy diferentes de las egipcias en el culto a sus antepasados. Pero el culto a los muertos de las civilizaciones antiguas de México se distingue por su mezcla de creencias religiosas y consejas populares. Al momento de la conquista española, ese culto estaba tan formidablemente arraigado en la mente y el corazón del mexicano de entonces, que a pesar de cinco siglos de intromisión de la cultura occidental, sigue tan vivo y vigente en el mexicano de hoy, como en sus mejores tiempos.

Según la creencia de la civilización mexicana antigua, cuando el individuo muere su espíritu continúa viviendo en *Mictlán,* lugar de residencia de las almas que han dejado la vida terrenal. Dioses benevolentes crearon este recinto ideal que nada tiene de tenebroso y es más bien tranquilo y agradable, donde las almas reposan plácidamente hasta el día, designado por la costumbre, en que retornan a sus antiguos hogares para visitar a sus parientes. Aunque durante esa visita no se ven entre sí, mutuamente ellos se sienten.

El calendario ritual señala dos ocasiones para la llegada de los muertos. Cada una de ellas es una fiesta de alegría y evocación. Llanto o dolor no existen, pues no es motivo de tristeza la visita cordial de los difuntos.

La exagerada hospitalidad de los mexicanos es proverbial. Ésta se manifiesta a la menor provocación, aún más si los visitantes son sus parientes ya fallecidos. Hay que deleitarlos y dejarlos satisfechos con todo aquello que es de su mayor agrado y asombro: la comida.

Introduction

One of the first social characteristics of primitive men was without doubt, the rituals dedicated to their ancestors. Single and collective burials found in caves and rock layers, gave evidence of the concern that went beyond the limits of this life. The offerings, simple as they seemed, were clues of a belief in transcendentalism.

Man's preoccupation to leave tracks of their passage through this life for posterity, was a common occurrence. Different means served that purpose. The creation of legends was one way to preserve memories of ideologies manifested in epics, chants, and drama. Constructing obelisks and other monuments were the enduring expressions of the mind and soul of the civilizations that built them.

Subsequent civilizations didn't erase those usage but increased and exaggerated it, giving it priority over everything else. The Egyptians, pharaohs and top noblemen, for example, turned their cult of the dead into an obsession as they spent their lives designing the tombs where they would rest for eternity. The construction of pyramids and funeral mounds forced the massive participation of people in arduous and obligatory work. The pyramids also symbolized the hands that built them.

The civilizations that settled in today's Mexican territory were not much different from the Egyptians in the honoring of the memory of their ancestors. But ancient Mexican rituals in memory of the dead differed in that they mixed religious beliefs with fable. When the Spaniards conquered the country, indigenous customs were rooted so deeply that after five centuries of colonization they continued to survive and remain as current as in their first days.

Indigenous people believed that souls did not die, that they continued living in Mictlán, a special place for them to finally rest. The benevolent gods created this ideal world named *Mictlán* (Place of Death); a site that was dark but not necessarily somber. Spirits here could rest placidly and wait, not for a judgment, verdict or resurrection, but for something simpler and more attractive. It was the ideal place to rest until the day they could return to their old earthly homes to visit their living relatives. It was believed that although these relatives could not see them, they could surely feel them.

The ritual calendar marked two occasions for the arrival of the dead from Mictlán, each celebrated with an important feast and evocation. There was no place for sorrow or weeping for this would be interpreted as a discourteous to the dead relatives who were visiting so gladly.

The exaggerated hospitality of the Mexican people is proverbial. They express it in every possible opportunity and more emphatically when they are visited by their deceased relatives. Hosts really try to please and delight them and give them what is thought to make them as joyful as possible: food.

Desde remotas épocas hasta la actualidad, el "banquete mortuorio", resplandece en todas las moradas nacionales, desde los humildes jacales o casas rústicas, hasta los palacios y mansiones. La comida ritual se efectúa en un ambiente regiamente aderezado en el que vivos y muertos se hacen compañía. Cada pueblo y región ofrece variados diseños e ideas para este evento, pero todos con la misma finalidad: recibir y alimentar a los invitados, y convivir (o tal vez "conmorir"), con ellos.

Se dice que los muertos salen del *Mictlán* y se derraman por sierras, llanuras y desiertos hasta encontrar el camino que les ha de llevar a los lugares donde vivieron anteriormente. En este viaje de retorno temporal, no encuentran los obstáculos terribles que hallaron cuando iban por primera vez al *Mictlán*. Como en una feliz vacación, su travesía es alegre y placentera. Los parientes vivos les dan la bienvenida regando flores olorosas y llamativas a la entrada de sus moradas donde les espera un banquete.

La mesa ya está puesta. Con mucha anticipación se ha completado todo lo requerido para esta celebración. Los *tianguis* mexicanos rebosan de mercancía y están llenos de colorido según es la costumbre. Las flores—amarillas, blancas, rojas y moradas—, no se compran por manojos sino por gruesas, pues centenares de ellas se usan en cada banquete. Ceras o candelas de distintos tamaños y calidades iluminan este trascendental suceso. Braseros quemando el incienso del país, llamado copal, esparcen gratísimo aroma en el ambiente. Los candelabros son de barro policromado, algunos en forma de angelitos o de santos patronos. El pan está preparado en caprichosos diseños y tienen nombres llamativos; algunos tienen figura humana semejante a la del invitado de honor para así agradecer aún más su visita. Los guisos se preparan con complicadas mezclas y amorosos cuidados. Las frutas todas son frescas y fragantes. La mesa está como nunca, alegre y exquisitamente adornada con manteles, flores, hojas de pino y bejucos. Así, los visitantes difuntos (y por supuesto los vivos), disfrutan de un banquete único por su sabor, olor, color y amor.

Las dos fiestas prehispánicas se tornaron en una sola, haciéndola coincidir con la conmemoración cristiana de los Fieles Difuntos. Esta fusión pagana-cristiana no disminuyó la tradicional alegría ni introdujo ningún elemento religioso formal. La fiesta actual que se celebra a los muertos es tan grande como la celebración de la Virgen Guadalupana y, quizás, la más importante del año. Los miles de emigrados que laboran, legal e ilegalmente en los Estados Unidos, retornan en forma devocional a sus pueblos de origen con ocasión de esta festividad, contribuyendo así a la grandiosidad de ella. La tecnología moderna también tiene lugar aquí gracias a la presencia de luces eléctricas navideñas y artefactos plásticos, agregando así un trocito más a este ya complicado mosaico festivo.

Ese México de costumbres mestizas y resabios prehispánicos—siempre vigentes en el pensamiento de sus habitantes—, ese México que se goza en ofrendar a sus

From older days to modern ones the mortuary banquet brightened every Mexican home, from the rustic jacal (adobe) houses to palaces and mansions. The ritual meal had to be appealingly abundant for which the living and the dead are present to accompany each other. Each town and region boasts of their own designs and ideas, but the purpose is the same: to receive their relative's souls, feed them and spend some time with them.

The souls leave *Mictlán* and disperse themselves throughout sierras, plains and deserts. The soul's instinct guides them to their old homes. During this journey they do not encounter the same terrible obstacles they had to overcome to reach *Mictlán*. On the contrary, as if they were on vacation, their journey back home is a pleasant one. Living relatives help them by spreading aromatic flowers which emit a scent that travels through the air guiding the souls of the deceased toward the place where a banquet awaits them.

The table is set. All the necessary goods have been brought from the market with much anticipation. The Mexican *tianguis* (craft fair) are places full of colorful merchandise especially for this tradition. Yellow, white, red and purple flowers are bought, not by the bunch but by the pack of bunches since many are needed for each banquet. A variety of wax candles are also set. There should be no darkness in an event of such transcendence. Special burners hold the copal, a locally produced incense that dispenses a pleasant, multi-gradual scent. Angels or saints in sculptured polychromatic clay candle holders are also part of the scene.

Pieces of bread are available in capricious designs with funny names. Many of them have a drawing of the dead's image so the "visitors" find it familiar, one more way to thank them for their visit. Loving patience is put into a complex stew recipe that includes aromatic fruits. The table has to be set like never before: vivaciously decorated with a fine tablecloth, flowers, pine leaves and other items. Scents, color, tastes and love will await for the enjoyment of the deceased as well as for the living.

The two pre-Hispanic celebrations honoring the dead, have turned into one, merging with the Christian celebration of All Souls' Day. The union of these two beliefs didn't take away the pleasure of the old tradition, neither did it introduce new religious elements. This celebration of the dead is as big as the Virgin of Guadalupe's feast and, perhaps, the year's most important.

Thousands of those who have emigrated and work in the United States return to their hometown for these festivities. The influence of technology is evident. Christmas lights and plastic items can also be seen, but they don't diminish the value in the tradition. Instead, they add another piece to this already complicated festive mosaic.

Mexico, a country with a mixed culture of pre-Hispanic heritage that is still alive in its inhabitants' idiosyncrasy, finds satisfaction in honoring the dead and has been superbly captured by the lens and spirit of Mary J. Andrade. Her extensive trips to the highlands and the

muertos, ha sido captado en forma y en espíritu por la lente de Mary J. Andrade. Su peregrinaje por los pueblos del Altiplano o del Occidente de la República Mexicana, ha rendido frutos jugosos. Sus comentarios de los "altares de muertos", complementados con excelentes fotografías, son un digno homenaje a la cultura funeraria mexicana. Es quizás su espíritu latino que la mueve a explorar el misterio de esta vida y la otra en territorio mexicano. Ese misterio de donde surge esta fiesta tradicional que dura desde fines de octubre hasta los primeros días de noviembre. Varios años de recorridos e investigaciones la han hecho una verdadera conocedora de lo nuestro. Me atrevería a afirmar que pocos mexicanos saben tanto como Mary J. Andrade en lo que se refiere al "día de muertos".

Este libro que Mary J. Andrade ha elaborado es una rica fuente de información para la historia de la cultura, no solamente nacional mexicana, sino del Continente. Este libro es particularmente valioso para los mexicanos y sus descendientes que viven en el ámbito de otras costumbres y tradiciones. En esta publicación ellos encontrarán algo para enorgullecerse y presumir a los demás, y (¿por qué no?), para estimularlos a dar una "vueltecita", por la tierra de sus antecesores cuando éstos tienen a bien venir a visitarnos.

Con el libro de Mary J. Andrade, la "comida mortuoria" u "ofrenda", se vuelve un regio banquete de imágenes y vivencias. Su aporte es una crónica muy completa que dejará a la posteridad el testimonio de una auténtica amiga de México.

Eduardo Merlo Juárez
(Arqueólogo mexicano)

western villages have been very fruitful. Her comments about the "Altars of the Dead" accompanied with exquisite photographs, are an exalted tribute to the Mexican culture and their funeral rites. Her Latin soul truly motivates her to explore the mystery between this life and the one beyond in the Mexican territory, where the festivities for this celebration take place during the last days of October and the first days of November. Many years of research have made her an authentic and knowledgeable scholar of our cultural roots. I can affirm without any doubt, that very few Mexicans have her expertise on the subject of Day of the Dead.

Mary J. Andrade's photographs and text have become a rich source of information of cultural history, not only about Mexico but the continent. This book is especially valuable for Mexican nationals and their descendants who live in an environment with different customs and traditions. In this publication they will find something to be proud of and show to others and why not?—to encourage them to take "a little trip" to the land of their ancestors.

In Mary J. Andrade's book the mortuary food or offering, is transformed into a substantial banquet of images and experiences. Her work is a complete chronicle that she will leave to generations to come as a testimony from a genuine friend of Mexico.

Eduardo Merlo Juarez
(Mexican Archaeologist)

 **PRESENTACIÓN**

Una festividad tradicional estalla en México todos los años a fines de octubre y dura hasta principios de noviembre: el Día de Muertos. Por la forma y la extensión en que los mexicanos la celebran, apropiadamente se le llama "El Culto a la Muerte".

En México, al igual que en los demás países latinoamericanos, el 2 de noviembre se conmemora el Día de Muertos o Día de los Difuntos. Sin embargo, México se distingue de los demás por su concepto de la muerte, herencia de sus antiguas civilizaciones, que se manifiesta gráficamente en esta ocasión: la muerte es sólo la vía por la cual el alma pasa de uno a otro estado de vida. Éstos están superpuestos y se comunican entre sí. Y es esta comunicación la que se efectúa con todo alarde una vez al año a nivel nacional.

A diferencia del ritual dictado por la Iglesia Católica, para la conmemoración del Día de los Difuntos y que se observa cuidadosamente fuera de México, aquí se funde con la costumbre establecida por civilizaciones mexicanas precoloniales, para tornarse en una ceremonia en la que se fusionan el culto precortesiano y las creencias de la Iglesia Católica. De modo que, el Día de Muertos en México, no es una conmemoración luctuosa, sino una celebración alegre y llena de colorido, donde la muerte adquiere caracteres vivos y deja de ser temible.

En las grandes ciudades, donde el modernismo tiende a imponerse sobre lo autóctono, los católicos asisten a misa en la mañana de ese día y luego concurren a los cementerios a cubrir de flores y oraciones las tumbas de sus seres queridos, participando a su manera en esta celebración tradicional. En ciudades pequeñas con un porcentaje elevado de población indígena, el ceremonial es completamente diferente.

En el Distrito Federal y en los estados de Michoacán, Chiapas, Guerrero, Hidalgo, México, Oaxaca, Puebla, Tlaxcala, San Luis Potosí, Veracruz, Tabasco y Yucatán, se celebra el Día de Muertos con características típicas de cada región originadas en épocas prehispánicas.

La extensa celebración del Día de Muertos, cuya fecha central es el 2 de noviembre, alegra el corazón de propios y extraños gracias a sus especialidades gastronómicas. La extensa variedad de platillos que se prepara en homenaje a los difuntos es simplemente una deliciosa expresión del sentimiento del pueblo mexicano.

Este primer libro de la Serie titulada "A través de los Ojos del Alma, Día de Muertos en México", está enfocada en las áreas de Pátzcuaro y Zirahuén en el estado de Michoacán.

 **PRESENTATION**

Mexico celebrates a yearly tradition called Day of the Dead during the last days of October and first days of November. Due to the duration of this festivity and the way people celebrate this tradition, it has been called "The Cult of Death."

As in all Latin American countries, Mexico commemorates the Day of the Dead or All Souls' Day on November 2. The legacy of past civilizations represented so vividly in Mexico, distinguishes this country from the rest in the manner in which this tradition is celebrated. It is a legacy of ancient civilizations graphically manifested on this occasion: death is a transition from one life to another in different levels where communication exists. This communication takes place once a year throughout the country.

Differing from the Roman Catholic imposed ritual to commemorate All Souls' Day, which is observed in countries other than Mexico, the customs established by pre-Colonial Mexican civilizations become a ceremony where the pre-Hispanic beliefs blend with Catholic beliefs. Therefore, the Day of the Dead in Mexico is not a mournful commemoration but a happy and colorful celebration where death takes a lively, friendly expression, and is not at all frightening or strange.

In the big cities, where orthodox blends with modern trend, Catholic people attend mass in the morning of All Souls' Day and later go to the cemetery to place flowers on a grave or pray over a relative's tomb. In addition to this custom, they will participate in their own traditional celebration. In small towns with large percentages of indigenous population, the celebration is totally different.

The Federal District, and the states of Michoacan, Chiapas, Guerrero, Hidalgo, México, Oaxaca, Puebla, Tlaxcala, San Luis Potosí, Veracruz, Tabasco and Yucatán, celebrate the Day of the Dead with typical regional characteristics originating from pre-Hispanic times.

The Day of the Dead's prolonged celebration, mainly celebrated on November 2, also stimulates everybody's appetite with its gastronomic specialties. The abundant variety of dishes prepared to honor the dead, is a delightful expression of Mexican people's sentiment.

From the series "Through the Eyes of the Soul, Day of the Dead in Mexico," this first book is focused on the surroundings of the lakes of Patzcuaro and Zirahuen in the state of Michoacan.

Mujer de mirada triste

Mujer de mirada triste:
¿díme que ves en las velas,
son espectros de la noche
o son flores de la tierra?

¿Qué guardas en tu regazo,
llena de luz, transparente,
si hasta el aire del espacio
tu piel morena parece?

Doble llama en el sentido,
doble dolor, doble ausencia,
las flores se han vuelto ríos
y los perfumes se quejan.

Contemplación de la noche,
velación de la quimera,
manojo de luces, ecos,
transnochándose la espera…

Mujer de mirada dulce,
las llamas sacan sus lenguas;
se están burlando del tiempo
o están latiendo las treguas.

En tu rostro iluminado
la vida rejuvenece,
noche de oro en la mirada
para los que aman la muerte.

Para los que aman la vida
es noche de desconcierto,
la cera besa las flores
y la llama el sentimiento.

Julie Sopetrán, 1995
(Poetisa española)

Woman with a Somber Gaze

Woman with a somber gaze,
Tell me, what do you see in the candles?
are they ghosts in the night
or are they flowers of the earth?

What do you treasure on your lap
illuminated and transparent,
even in the air
your silhouette appears?

Twice as much the pain,
twice as much the loss,
the flowers have become rivers
and the fragrance cries out.

Pondering at night,
vigil of the imagination,
bundle of lights and echoes,
stay up late during the wake…

Woman with a tender gaze
the flames of candles reach out;
are they mocking this moment
or are they restfully flickering out.

In your illuminated face
life rejuvenates,
to those who love death
this is a golden night in their sight.

For those who love life
it is a night of confusion,
the wax kisses the flowers
and the flame caresses the emotions.

Julie Sopetran, 1995
(Spanish poet)

18

Janitzio

Antiguas creencias tarascas que se reviven anualmente

Para quien asiste por primera vez a la celebración del Día de Muertos y es espectador de sus preparativos, no sólo en la Isla de Janitzio sino también en la ciudad de Pátzcuaro, donde con anticipación se concentran miles de turistas, la experiencia es inolvidable. Pátzcuaro está ubicada a orillas del lago del mismo nombre y a 312 kilómetros de Guadalajara, la segunda ciudad más grande de México.

La mayoría de los habitantes del área del lago de Pátzcuaro, son descendientes de la tribu de los purépecha, que en el siglo XIV eligió la región lacustre de Michoacán como sede de su reino. Ellos decían que "era el lugar donde vivían los dioses azules del agua".

Por muchos años, Pátzcuaro fue la capital del reino, pero a la muerte de Tariácuri, uno de sus reyes, pasó a ser sitio de recreo de los nobles que residían en Tzintzuntzan, bajo el mando de Tzintzipandácuri. En el siglo XVI, Pátzcuaro se convirtió en sede episcopal bajo don Vasco de Quiroga, quien, después de algunos años, trasladó la sede a Valladolid, hoy Morelia, capital del estado.

Los hombres y mujeres de Pátzcuaro han tenido participación activa en las diferentes épocas de la historia de México. El atractivo de esta población radica, especialmente, en haber conservado, a través de los siglos, una arquitectura netamente española. Fue tan bellamente diseñada, que Don Vasco de Quiroga soñó en convertirla en la capital de la provincia michoacana. El singular atractivo de esta ciudad induce a ir a ella con anticipación a la celebración del Día de Muertos.

Los eventos culturales conmemorativos de la fecha se inician el 28 de octubre, la mayor atracción

Ancient Tarascan Beliefs Relived Annually

Anyone who is fortunate enough to witness the preparation of the magnificent event of the Day of the Dead and share its celebration, either in the island of Janitzio or in the city of Patzcuaro where thousands of tourists converge, gains an unforgettable experience. Patzcuaro is located on the bank of the lake that bears the same name, 312 kilometers southeast from the city of Guadalajara, the second largest city in the country of Mexico.

The majority of the inhabitants of the area of the lake of Patzcuaro are descendents of the ancient Purepecha tribe. They chose to establish themselves in this lush region of Michoacan in the XIV century. It was the center of their kingdom. Local folklore explains that, "the blue gods of water lived in this region."

Patzcuaro was the Purepecha metropolis for many years, but it later became a recreational site for the nobility who lived in Tzintzuntzan under the rule of Tzitsipandacuri. During the XVI century under the Spanish regime, Patzcuaro became an Episcopal Diocese under Don Vasco de Quiroga. Later Quiroga moved the Episcopal Diocese to Valladolid, today Morelia, the capital city of the state of Michoacan.

Women and men from Patzcuaro had a very prominent participation in different periods of the history of Mexico. The attraction of Patzcuaro is rooted in its Spanish architecture that has survived through the ages. Indeed, it was so beautifully designed that Don Vasco de Quiroga hoped to make it the location of Mi-choacan's capital. The sheer beauty of this city invites one to visit, especially during the Day of the Dead festivities.

la ofrece el *tianguis,* un mercado artesanal donde también se expende flores para la elaboración de los altares que son colocados en las tumbas el primero de noviembre. En este mercado se pasan las horas observando la belleza y el acabado de la artesanía michoacana, variada y elegante en cada uno de sus diseños.

A Janitzio, una de las islas más bellas en el lago de Pátzcuaro, se llega fácilmente en botes a motor. El recibimiento que prodigan los pescadores es impresionante, ya que al paso de las naves ellos realizan una serie de demostraciones con sus redes de mariposas. Una estatua de piedra erigida a Morelos, en la cima de la isla, domina el panorama y con el brazo derecho levantado da la bienvenida a propios y extraños.

En esta isla, al igual que en las poblaciones de Ihuatzio, Tzintzuntzan, Huecorio, Jarácuaro, Zurumútaro y otras comunidades ribereñas, se entremezcla el rito precolombino con la ceremonia religiosa católica, creando simultáneamente un ambiente de alegría y tristeza.

VELACIÓN DE LOS ANGELITOS

Es el primero de noviembre, en el cementerio de Janitzio la luz rosada del nuevo día ilumina las pequeñas figuras envueltas en sus rebosos, sentadas silenciosamente ante las tumbas. Los niños, con sus ojos cargados de sueño, llegan con sus padres a rendir homenaje a la memoria de sus muertos.

Al amanecer los adultos cargan las ofrendas decoradas con flor de *cempasúchitl,* dulces, pan de muerto y frutas y las colocan a la cabecera de los sepulcros. Ponen sobre ellos las bandejas cubiertas por pequeños manteles finamente bordados a punto de cruz y acomodan alrededor las velas encendidas.

Así se inicia la Velación de los Angelitos, en la que por tres horas, en la mañana del primero de noviembre, son en su mayoría los niños los protagonistas de este ritual.

The cultural events begin on October 28 and draw a lot of people. One of the biggest attractions is the tianguis, a craft fair where items for the decorations of the altars are sold. Flowers are essential for the decoration of the offerings which are placed on the tombs on November 1. Time seems to go by fast admiring the beauty and the craftsmanship of Michoacan's art.

As visitors arrive by boat to the island of Janitzio, local fishermen put on a lavish show to welcome them, performing impressive demonstrations with their butterfly nets. At the summit of the island, the statue of Morelos, an independence Mexican hero dominates the view and seems to welcome natives and foreigners alike with its outstretched hand.

On the island, just as in the towns of Ihuatzio, Tzintzuntzan, Huecorio, Jaracuaro, Zurumutaro and other communities by the lake, the pre-Colombian rite is mixed with Christian beliefs, creating in one instant, an atmosphere of joy and sadness.

THE VIGIL OF THE LITTLE ANGELS

It is November first in the cemetery of Janitzio. The soft, pink light glows on small figures wrapped in shawls seated silently in front of the tombs. The children with sleepy eyes arrive with their parents to honor the memory of their loved ones.

At sunrise, adults carry their offerings and place them on the graves of their deceased relatives. The offerings are decorated with *cempasuchitl* flowers, candy, *pan de muerto* (a traditional bread) and fruit. Spaced along the lit candles, the food offerings are placed on the graves and covered with cross stitched embroidered tablecloths.

It is November 1, and the Vigil of the Little Angels begins. The children's participation in this ritual lasts approximately three hours.

23

Participación de los Niños

Las pequeñas, con sus blusas de seda y amplias faldas de vivos colores, medias blancas y zapatos brillantes, son el centro de la ceremonia. Adornadas con el in-dispensable delantal bordado, parte importante del atuendo femenino tarasco, ellas cumplen tranquilamente con la tradición, observadas a corta distancia por sus padres. Los niños también cruzan de un lado a otro del cementerio cargando flores y encendiendo velas, ya que desde temprana edad sus progenitores los hacen participar en este ritual, con el objeto de inculcarles el respeto a sus creencias, sembrando en los pequeños el amor a una tradición muy importante en su cultura.

El cementerio de Janitzio es pequeño. Los niños, esparcidos a lo largo y ancho de él juegan a ser mayores en su aceptación, a tan temprana edad, de la muerte. Para ellos, al igual que para sus mayores, la muerte es una prolongación de la vida en un plano diferente. En actitud recogida y solemne, se ubican al pie de las tumbas a velar a sus familiares. A un costado del ce-menterio, una pequeña, sola, luce sus galas sentada al filo de una tumba, mientras que a escasos metros tres niñas intercambian miradas en silencio. Un niño, rodeado de velas encendidas, que seguramente su madre le ayudó a colocarlas, toca una armónica de plástico, ¿entretiene acaso al alma de un hermanito?

El acto se realiza en el atrio del templo, el que está ubicado a un costado del cementerio. A él acuden las madres y hermanos de quienes no llegaron a conocer las alegrías y tristezas del adulto. Se crean hermosos adornos con flores de la estación, entre ellas el tradicional *cempasúchitl* y se depositan juguetes de madera, tule y paja. Los regalos que no recibieron en vida adornan el altar hecho ofrenda que colocan sobre la tumba.

El 1o y 2 de noviembre, son los días en que los seres queridos de estas comunidades que han partido al más allá, son recordados con fervor, nostalgia y tris-teza. Sus familiares demuestran sus sentimientos con cruces, ofrendas, flores, cirios, cantos y oraciones. El arreglo y adorno de las tumbas es una de las formas de rendir homenaje a quienes se recuerdan en estas fechas.

Si la persona ha fallecido recientemente, las cruces de sus tumbas resaltan con intensidad. En el cemen-terio los adultos son recordados por sus cualidades y sus buenas obras. Los padres aprovechan el ritual, para inculcar en sus hijos pequeños la tradición y el con-vencimiento de que en determinado momento ellos tendrán que continuarla.

Children's Participation

Little girls dressed in silk blouses and colored skirts, white stockings and shiny shoes are the center of the ceremony. Wearing the necessary white pinafore, an important piece of the Tarascan feminine attire, the girls calmly comply with tradition while they are observed from a certain distance by their parents. The boys also participate carrying flowers and lit candles. Since early childhood the parents have their children participate in this ritual. They teach their children to love and respect their beliefs to this important and cultural tradition.

The cemetery in Janitzio is small. The children scattered all through the cemetery, play pretending to be grown up as they accept at an early age, the reality of death. Children and elders view death alike, as an extension of life that occurs in a different dimension. In a meditative and solemn attitude, they sit to keep vigil over their relatives at the site of their graves. On one side of the cemetery, a little girl shows her dress as she sits by a tomb; a couple yards away, three girls silently exchange introspective gazes while on another tomb, a child plays a plastic harmonica,

Durante la Velación de los Angelitos, los adultos se sitúan a un costado del cementerio formando una pared humana, mientras observan a los niños cumplir con su cometido. Impresiona la actitud recatada de ellos, su aire concentrado, en tanto que algunas mujeres mayores sentadas sobre petates de paja, con su espalda erecta y cubiertas por el reboso, contemplan intensamente la cruz ubicada frente a ellas.

Los habitantes del área consideran que las personas que ya se han ido de esta vida no están muertas, sino que se encuentran en un lugar especial y que sirven de enlace ante un Dios eterno, para que las familias sean socorridas en sus quehaceres cotidianos.

La Velación de los Angelitos enfoca dos aspectos claramente definidos en esta ceremonia: el primero, la participación de los niños, quienes en el proceso de aprendizaje respetuoso de la tradición, desempeñan el papel principal de la familia, rindiendo muestras de afecto al alma del que ha partido y que "regresa" en esta fecha, para recibir ese tributo espiritual. El segundo aspecto, se refiere a la participación de los padrinos del bautismo.

surrounded by candles that his mother probably has arranged. Is he perhaps entertaining the soul of a little brother?

This incredibly moving ceremony takes place at the entry of the church of the island of Janitzio where the parents, brothers and sisters gather to mourn the memory of those who did not know the joys and sorrows of adulthood. Beautiful decorations made with flowers of the season, among those the traditional *cempasuchitl* are placed at the tombs. Toys made of wood, tule, and straw are left at the gravesite and also are used to decorate the altars.

Demonstrations of sorrow, devotion and nostalgia for the deceased on November 1 and 2 are the norm. Relatives of the deceased express their feelings with offerings, crosses, flowers, candles, prayers and songs. During these days, the arrangements and decorations of the tombs are demonstrations of love to honor the departed souls.

If the deceased has recently departed, the cross on his grave stands out from the rest of the graves. At the cemetery, the adults are remembered for their virtues

25

Velación por parte de los Padrinos

Ellos tienen el deber de ofrendar a su ahijado recién fallecido. Para cumplir con esta responsabilidad compran en Pátzcuaro o en los pueblos aledaños, dulces de azúcar en forma de ángeles y animalitos, pan, algunas veces ropa y juguetes de madera, barro o paja.

Estos objetos, junto con el arco vestido de flores de *cempasúchitl* y de ánimas, que son orquídeas propias de este tiempo, se llevan a la casa de los padres del niño y se ubican en el altar preparado para ello. Temprano en la mañana del primero de noviembre, se acomodan al pie de la tumba en el cementerio, costumbre que se repite también en otros pueblos del área donde se sigue esta tradición.

Los padrinos sienten igual que los progenitores la muerte de un niño. El testimonio de la tristeza que embarga a un padre nahua por la muerte de su hijita, fue recogida en 1902 por Karl Lumholtz: "aquí en la tierra es lugar de mucho llanto, lugar donde ... es bien conocida la amargura y el abatimiento. Un viento como de obsidiana sopla y se desliza sobre nosotros. No es lugar de bienestar sobre la tierra, no hay alegría, no hay felicidad. La muerte, niña, la muerte prematura de un niño, acorta un ciclo de vida y pone en estrecha cercanía a los extremos de principio y fin, nacimiento y fin, lo cual determina que las exequias para los infantes, tengan características místicas especiales. Aquí, en nuestra tierra, acostumbramos que cuando un niño muere, los padres lo den de buena voluntad al cielo, porque es un ángel y por eso encienden cohetes y no lloran por él, para que el niño pueda entrar al paraíso y no tenga que regresar a recoger lágrimas".

Los rituales que giran alrededor de la muerte de un niño son muy especiales. Desde la época colonial es costumbre pintar y después fotografiar a los niños

and good deeds, parents relate to their children the values of this tradition that they will carry on when they become adults.

During the Vigil of the Little Angels, the adults stand at the edge of the cemetery, and watch as their children participate in the celebration. It is impressive to see the solemn attitude and concentration of the children as they participate. Meanwhile, some older women solemnly sit on woven floor coverings gazing at the cross that stands before them.

People from this region believe that those who have departed this life are not dead but live in a special place where they serve as a link of communication with an eternal God who provides assistance during their daily chores.

The Vigil of the Little Angels focuses on two important aspects of the ceremony: one of them is the way children participate and go through a learning process as they are also taught to respect this tradition. Children play a key role among family members as they give a deeply felt tribute to the souls of those who have departed and who now "return" to receive this spiritual offering. The second one is related to the role of the baptismal godparents.

Godparents' Role

The Godparents' obligation is to give an offering to their recently deceased godchild. To fulfill this responsibility they go to Patzcuaro or to one of the larger towns and buy sweets with shapes of angels or small animals, bread, and sometimes clothes and toys made of wood, clay, or straw.

These items, along with an arch decorated with seasonal orchids and *cempasuchitl* flowers, are taken to the child's parental home and placed on an altar previously decorated. Early in the morning on November 1, relatives of the deceased gather around the tomb. This is the custom which is practiced around the towns nearby.

muertos, dentro de una ceremonia más amplia que es conocida como velorio de los angelitos.

"Dichoso de tí, ángel bello/ que a la gloria vas a entrar/ con tu palma, tu corona/ y vestido de cristal" son palabras anónimas que encierran un dolor inmenso en la forma tierna como un padre expresa sus sentimientos.

Las tres horas que dura la Velación de los Angelitos en el cementerio de Janitzio, se deslizan sin sentir entre los pliegues de los rebozos que protegen a las pequeñas del viento frío de la mañana.

Poco a poco, alrededor de las diez de la mañana, se levantan las ofrendas, las tumbas quedan cubiertas de flores y pétalos esparcidos, cera derretida y algunos cirios encendidos; es hora de regresar a casa a prepararse para la celebración nocturna en honor a los adultos.

PREPARATIVOS

Desde tempranas horas del primero de noviembre se pueden ver los hogares, restaurantes y centros de venta de artesanías adornados con flores amarillas. Una ondulante acentuación de color producen las redes de

The sorrow of the parents of the child is shared by the godparents. The testimony of sorrow of a Nahua father over his dead little daughter was recorded by Karl Lumholz in 1902, and it reads: "This earth is a place of much grief, a place where bitterness and devastation are well known. A wind full of darkness blows and circulates among us. The face of the earth is not a place of well-being, there is no happiness. The early death of an infant, my dear girl, shortens a circle of life and brings closer the extremes of beginning and end, of birth and death, and the vigils of infants have special mystical characteristics. In our land, when a child dies, parents should willingly give up the soul to heaven with a good attitude because he or she is considered an angel. This is the reason people light fireworks and don't cry, allowing the child to enter paradise, and elude the departed souls from coming back to collect tears."

The rituals that surround the death of a child are very special. Since colonial days, the tradition in Mexico is to do a portrait and take photographs of children who have departed from this life. This is done as part of a ceremony called the Vigil of the Little Angels.

"Blessed are you beautiful angel, since you are going to enter paradise with your palm-leaf, your crown and your crystal gown." These anonymous words disguise the deep grief in the tender manner in which the sentiment of a father is expressed.

The three hours that the Vigil of the Little Angels last go fast. Gradually, close to 10:00 a.m. the offerings are lifted. The graves remain covered with flowers, scattered petals, melted wax and some lit candles. Time has come to prepare for the night's celebration in honor of the deceased adults.

PREPARATIONS

In the early hours of November 1, there is activity in the homes, restaurants and shopping centers where crafts decorated with yellow flowers are sold. Fishing nets hang from the ceilings intertwine with *cempasuchitl.*

After attending the Children's Vigil, the visitor has enough time to walk around the island, or shall I say, "ascend" the island. Along the road there are restaurants where you can rest and enjoy authentic Mexican regional dishes such as *charales*, (small Mexican fish), white fish from Patzcuaro, homemade bread, et cetera.

27

los pescadores que, entretejidas con *cempasúchitl,* cuelgan de los techos.

Después de asistir a la Velación de los Angelitos, el visitante tiene por delante algunas horas de espera que puede utilizar para recorrer la isla, aunque la palabra más descriptiva sería "ascender". En el trayecto, por sus callecillas, puede detenerse y descansar en algún restaurante y saborear los platillos típicos del lugar como los charales, el pescado blanco, el pan casero, etcétera.

Durante este día, la actividad en los hogares se desarrolla en forma intensa preparando la viandas que se colocan en la ofrenda-altar dedicada a aquéllos que se adelantaron en el camino.

CACERÍA DE PATOS CON FIZGA (CURISHI PATACOA)

Entre los platos que se preparan, está el pato condimentado. Para cumplir con la tradición es necesario participar en su cacería, que desde fechas inmemoriales

During the day, there is intense activity inside the homes preparing regional dishes that will be included in the offerings for the departed souls.

DUCK HUNT WITH SPEAR (CURISHI PATACOA)

Among the dishes that are prepared for this occasion is spiced duck. To fulfill the tradition, people must join the hunt held by islanders and villagers from the lake region.

In canoes made from a carved single log, the villagers use their spears, they hold these harpoons as devices to launch them with great skill very far hitting the ducks in flight. These birds are heavily spiced and served as offerings for the visiting souls. An embroidered cloth is extended over the tomb and is covered with petals. The previously described dish, is placed on top of the grave along with other culinary dishes.

28

practican los habitantes de los pueblos y de las islas del lago.

En canoas hechas de una pieza de troncos grandes de árboles y armados con fizgas, concertan especies de arpones que son lanzados con gran destreza y que alcanzan distancias muy grandes, derribando patos en pleno vuelo. Estas aves son ricamente condimentadas y sirven para las ofrendas de las ánimas. Una vez preparadas, se colocan junto a otras viandas, en platillos sobre manteles artísticamente bordados que se extienden cubiertos de pétalos de flores encima de los sepulcros.

OFRENDA DE LOS DIFUNTOS (UARICUARI KEYTZITAKUA)

Cuando se trata de la primera ofrenda o de un reciente fallecimiento, los familiares del difunto en el área lacustre de Pátzcuaro, acostumbran rezar el novenario que debe terminar el primero de noviembre.

Este día, en la habitación donde se guardan los santos, se hace el altar que se compone de una cruz adornada con flores de *cempasúchitl* y de ánimas. Sobre una mesa o en el piso, se colocan la bateas con las ofrendas compuestas de pan de muerto, dulces de azúcar, un cántaro con agua, una cazuelita con sal, frutas y alimentos predilectos de la persona ofrendada.

Además de calabazas, chayote, cuernos de maíz rojo, fotografías y algún elemento de ropa que identifique al difunto, se acomodan los candelabros con velas formando la figura de la cruz, a la vez que el sahumerio con *copal* encendido. Así mismo, con pétalos de *cempasúchitl*, al igual que en muchísimas poblaciones mexicanas, se forma un camino que se inicia en la puerta de la casa y termina en el altar para indicar a las ánimas la ruta que deben seguir para llegar a donde se les tiene la ofrenda.

JUEGO RITUAL DEL TERUSCAN EN JANITZIO

Al anochecer se efectúa la celebración *Teruscan* (reunión), juego ritual de los jóvenes tarascos que realizan en las primeras horas de la noche y durante el cual "roban" mazorcas de maíz, flores, frutas, calabazas de las cercas y techos de las casas. Todo se hace dentro de un ambiente jocoso y alegre, ya que es una rapiña organizada con el permiso de las autoridades.

Mientras ellos "hurtan", las personas mayores los esperan en el atrio del templo o en la *Guatapera* o casa comunal de los tarascos. Se cocina lo recaudado en un

OFFERINGS TO THE DECEASED (UARICUARI KEYTZITAKUA)

In the case of a recent death in the area of Patzcuaro, there should be a *Novenario* (novena) for the first offering and it should end by November 1.

On this day in the room where the saints statues are stored, an altar is built. A cross decorated with *cempasuchitl* flowers is also placed on the altar. The offerings are placed on a table or sometimes on the floor with bread of the dead, (a special bread prepared during this season) candy, a vase with water, a small *cazuela* or ramekin, fruit and the favorite dishes of the deceased relative.

Besides the *calabazas* (pumpkin), the *chayote*, red corn horns, photographs and perhaps a piece of clothing that may identify the departed one, an arrangement of candlesticks forming a cross and a burner with *copal* (incense) are strategically positioned. In these villages as in other Mexican towns, a path is made using *cempasuchitl* petals from the front door of the home to the altar to guide the visiting souls.

THE TERUSCAN RITUAL IN JANITZIO

As part of the celebration of the Day of the Dead, a celebration known as *Teruscan* (reunion) takes place at night. This is a ritual game played by the young Purepecha male during the first hours of the evening. They "steal" ears of corn, flower, fruit, and squash from the roofs and fields of the houses. All of this is done in jest and merriment and is an event organized with permission of the authorities.

The adults wait for the youth on the porch of the temple or in the *Guatapera* (a communal house of the Tarascan people). The "loot" is cooked in a large kettle and it is served to the participants as part of the activities of the vigil.

Around midnight, after a musical performance at the foot of the statue of Morelos, the women and children begin a solemn pilgrimage to the cemetery. They place the offerings adorned with fruit and different shapes of decorated candy, at the gravesite. They light candles and prepare to spend the night praying and singing. Men are not allowed in the cemetery, they observe what goes on from outside the gates of the cemetery.

Although this ceremony occurs in the entire region of Lake Patzcuaro, the island of Janitzio attracts the most visitors. One of the reasons might be

gran perol y luego se distribuye entre los asistentes, para pasar alegremente la velada.

Hacia las 12 de la noche y a continuación de una presentación de bailes y canciones tarascas, evento musical que se realiza en la cima de la isla, al pie de la estatua de Morelos, las mujeres y los niños comienzan a ingresar solemnemente al cementerio. Una vez que localizan el lugar de reposo de sus seres queridos, depositan los manjares que fueron del agrado de ellos, colocan ofrendas florales bellamente adornadas con frutas y figuras de azúcar; las enmarcan con las luces de los cirios y se sientan a pasar la noche entre cantos, rezos y alabanzas. Es de notar que los hombres no pueden entrar al cementerio, ellos solamente pueden observar desde afuera lo que ocurre dentro del panteón.

Aunque las ceremonias son similares en toda la región del lago de Pátzcuaro, la Isla de Janitzio es la que más atrae la atención. Seguramente por la impresionante belleza de sus construcciones en las que sobresalen las paredes blancas con techos de teja roja, o tal vez por la leyenda que refiere que en esa noche, se hacen presente los espíritus de la Princesa Mitzita, hija del rey Tzintzicha, y el del Príncipe Itzihuapa, hijo de Tare y futuro heredero de Janitzio.

Estos dos jóvenes, que según la leyenda siguen locamente enamorados, no pudieron desposarse impedidos por el arribo intempestivo de los españoles. Cuando el rey Tzintzicha fue apresado por orden del conquistador Nuño de Guzmán, Mitzita quiso rescatarlo dando a cambio un tesoro fabuloso que se encontraba sumergido en el lago entre Janitzio y Pacanda. Cuando el esforzado Itzihuapa se aprestaba a extraerlo, fue atrapado por veinte sombras de remeros que lo escondieron bajo las aguas sumergiéndose con él. Así, Itzihuapa quedó convertido en el vigésimo primer guardián de esas riquezas fantásticas.

La leyenda dice que durante la noche del Día de Muertos, los guardianes del tesoro despiertan al sonido del lúgubre tañido de las campanas de Janitzio y suben la empinada cuesta de la isla. Los dos amantes, la princesa Mitzita y el príncipe Itzihuapa, se dirigen al panteón para recibir la ofrenda de los vivos; bajo la plateada luz de la luna se musitan palabras cariñosas y se ocultan de las miradas indiscretas tras las llamas inciertas de las velas. ¡Qué nadie interrumpa sus coloquios amorosos!

the construction and beauty of the scenery, the white walls and the red tile roofs; or perhaps it's because of the romantic legend that says that the ghosts of Mitzita, the daughter of King Tzintzicha, and that of Prince Itzihuapa, the son and heir of King Tare, rise on that night. The Prince and Mitzita shared a passionate yet unrequited love, due to the unexpected arrival of the conquistadors.

King Tzintzicha was arrested by order of the Spanish conqueror, Nuno Guzman. Mitzita hoped to give the fabulous treasure laying at the bottom of the lake located between the islands of Janitzio and Pacanda in exchange for her father's freedom. When her beloved Itzihuapa went to get the treasure he was overwhelmed by the 20 shadows of boatmen who guarded it and who hid him beneath the water and stayed with him. Itzihuapa became the twenty-first guardian of these fantastic riches.

According to the legend, on the night of the Day of the Dead, all the guardians of the treasure awake to the sound of the melancholy toll of the

IHUATZIO

El tiempo, con su caminar lento, comienza a pasar hasta que se acerca el momento de abandonar la isla para ir a Ihuatzio a la velación de los adultos.

Pasada la medianoche me encamino a esa población. Atrás, en el lago, queda el cementerio de Janitzio, brillante con las luces de miles de velas y abarrotado de personas.

Ihuatzio, fue el centro ceremonial más antiguo de la región lacustre y una de las ciudades purépecha más grandes. Está ubicado en la orilla misma del lago a 12 kms. de Pátzcuaro, siguiendo la carretera Pátzcuaro–Quiroga, separada por un pequeño tramo de terracería que se recorre en pocos minutos.

En Ihuatzio, se tiene la creencia que hay que celebrar una fiesta con el folklore del área, en honor de los fallecidos, ya que sus almas se encuentran en el limbo, hasta que suena la primera campanada de la iglesia marcando la medianoche; hora exacta, en que la fiesta termina y los pobladores se dirigen al cementerio a velar a sus familiares. Según la creencia, las almas de las personas que murieron durante el año son juzgadas por Dios, justo en el momento que concluye la fiesta.

bells of Janitzio, and climb the steep slope to the island. The royal couple Mitzita and Itzihuapa go to the cemetery to receive the offerings of the living. It is said that beneath the silver luster of the moon the two specters whisper tender words to each other hidden from any indiscreet look from behind the uncertain candlelight.

IHUATZIO

As time passes by slowly, the moment to leave the island draws near. I headed towards Ihuatzio, to participate in the vigil of the adults. As I left the island, from a distance I could see Janitzio's cemetery, bright with candlelights and filled with people.

Ihuatzio was the most ancient ceremonial center of the lake area and one of the largest Purepecha cities. It is located at the edge of the lake, about 7.5 miles down the Patzcuaro-Quiroga way, a dirt road trip that takes only a few minutes.

In Ihuatzio, the celebration starts at night with a folkloric dance typical of this region in honor of the deceased. They believe the souls of the deceased are in limbo, until the first bell is tolled at the church at

Entre las danzas que se presentan en Ihuatzio están las de *"Moros", "Pescadores", "Mariposas", "El Pescador Navegante", "La Danza de los Viejitos",* cerrando la celebración, un cuadro alusivo a la forma como se recordaba la tradición de Día de Muertos hace 60 años.

A la entrada de la población se encuentra el cementerio, en el que ya a las dos de la mañana los familiares de los fallecidos, han colocado las ofrendas.

Las ofrendas nuevas, sobre las tumbas recientemente abiertas, tienen la característica de que son bellamente adornadas con las cruces indígenas, llegando a formar una especie de pequeña "habitación" rectangular, con dos o tres arreglos adicionales, que vienen a ser como paredes entretejidas con varas de madera que se cruzan, dejando espacios abiertos para colgar flores, pan y frutas. En el centro y sobre el sepulcro, se colocan las charolas y viandas cubiertas con servilletas.

Recorriendo el cementerio con la vista, son estas ofrendas las que se destacan en la oscuridad, ya que vienen a ser como pequeñas islas iluminadas donde los familiares buscan refugio a la pena que los aflige. En silencio, los parientes rodean la ofrenda, encendiendo

midnight. At this time, it is believed that the souls are judged by God.

The people perform dances like *"Los Moros," "Los Pescadores," "Las Mariposas," "El Pescador Navegante,"* and *"La Danza de Los Viejitos."* The ritual of the dance of Day of the Dead has been celebrated in this town for many years. To conclude this celebration, they present a silent parade of how the tradition used to be celebrated 60 years ago. Afterwords, the inhabitants of Ihuatzio leave and go to the cemetery to honor their loved ones.

The cemetery is at the entrance of the village, and by two o'clock in the morning the relatives of the deceased had already placed their offerings on the graves.

The offerings placed on recent graves are beautifully decorated with native Indian crosses, in the form of a rectangular "room," and two or three more decorations, in the form of an image of woven walls with open spaces to hang flowers, bread and fruit. At the center of the grave, dishes are placed and covered with napkins.

As I look around the cemetery, such are the offerings that stand out in the dark, as they appear to be small illuminated islands where the relatives look for warmth to comfort their grief. In silence, the relatives surround the offering, constantly lighting candles, for the glare will drive away the shadows of the night. Many of the young children, overcome by sleep, lay their warm bodies in sweet abandon on the graves.

IMPORTANCE OF THE CROSS

At the head of the tombstone, a cross is placed. The cross was the first symbol the indigenous people adopted. The natives understood the significance of the cross when the missionaries presented it to them, and it is used to decorate the tombs.

To the indigenous the cross symbolizes fire or sun, and Venus, its priest and messenger. Their cross also was the symbol of the universe represented by the number five, distributed as we see the number 5 on the dice: a dot in each corner and one in the center. The dots on each corner represents cardinal points, and at the center, their sun god. The cross represented the rulers of the four parts of the world. The union of those five points was done with two lines crossed in the center from corner to corner.

These three-fold representations symbolize the heavens, the earth and the world of the dead, under

constantemente velas para que la iluminación aleje las sombras de la noche. Muchos jóvenes, vencidos por el sueño, extienden sus cuerpos tibios sobre los sepulcros, en un dulce y confiado abandono.

IMPORTANCIA DE LA CRUZ

A la cabecera de la tumba se coloca la cruz. Este símbolo cristiano, fue lo primero que adoptaron los indígenas. Se lo mostraron los misioneros y lo entendieron perfectamente.

Para el indígena, la cruz simboliza el fuego y por ende el sol y venus, su sacerdote y mensajero. La cruz era además el símbolo del universo que representaban por medio de cinco puntos dispuestos con el número cinco de los dados. Es decir un punto central y cuatro distribuídos en cada uno de los puntos cardinales donde ellos colocaban una deidad, advocación del sol, a cuyo conjunto los tarascos llamaban los dioses de las cuatro partes del mundo. La unión de esos cinco puntos se hacían con dos líneas rectas, que se cruzaban en el punto central originándose así la cruz.

La triple representación simbolizaba el cielo, la tierra y el mundo de los muertos, que está debajo de la tierra. Así quedaba representado el universo indígena. La figura de la cruz, aunque no de la cristiana, se nota en la ofrenda, ya que en ella se aprecia formada en las estrellas hechas con mancuernas y maíz rojo.

A los pies de la tumba, se ven también estrellas regulares, tapizadas de *cempasúchitl,* elevadas y sostenidas sobre patas de madera. Los costados de algunos sepulcros son "amurallados" con cirios altos. Hombres y mujeres mantienen una actitud de silencio y respeto.

EL CEMPASÚCHITL

Los purépecha, considerados como unos de los pobladores más antiguos de la región, desde su aparición en las tierras de Michoacán, han cultivado con amor las flores y las han utilizado en las diferentes actividades de su vida cívica y religiosa.

El *cempasúchitl,* flor que predomina en los arreglos de esta región, tiene una leyenda muy atractiva:

Se dice que durante la época de la peregrinación azteca, los miembros de la tribu iban de un lado a otro buscando un lugar donde asentarse; debido a las condiciones que enfrentaban, muchos morían en el camino. A pesar de ello, las jornadas tenían que continuar en tanto que los indígenas al mando de Tenoch lloraban a sus muertos. En alguna ocasión uno de ellos

the earth. This represented the universe according to these ancestors. The cross, even though it is not the same as the Christian symbol, is represented in the offering in the form of stars decorated with red corn.

At the foot of the grave relatives of the deceased place decorations in the shape of stars adorned with *cempasuchitl* flowers supported by pieces of wood. Some of the graves are enclosed with large candles. Men and women alike maintain an attitude of respect and silence.

THE CEMPASUCHITL

The Purepecha is considered one of the most ancient groups of people who has lived in this region. Since their arrival in the land of Michoacan, they have lovingly cultivated flowers and they have used them in different activities in their religious and secular life.

The *cempasuchitl,* a flower that grows abundantly in this region, has a very interesting legend.

It is said that during the times of the Aztec peregrination, Tenoch lead the Nahua tribe from place to place seeking a place to settle. Along their journey, they confronted many adversities and loved ones died.

pensó "¿por qué no ha de haber flores para adornar el lugar de los nuestros, que se han ido antes?", y se hincó con sus familiares y demás miembros de la tribu e invocó a Tonatiuh, el sol, pidiendo: "danos flores para adornar el lugar donde reposan los nuestros".

Al día siguiente, cuenta la leyenda, que los campos amanecieron cubiertos con las flores de *cempasúchitl*, que eran tan hermosas como las bolas de oro. Los indígenas interpretaron que el dios Sol había escuchado sus ruegos y que por esto había enviado flores que eran doradas como los rayos del sol.

En ese momento los aztecas fueron al campo, recogieron todas las flores que pudieron y las llevaron como señal de respeto y cariño al lugar donde descansaban los restos mortales de los suyos.

La palabra cempasútchil se compone de dos voces de la lengua náhuatl: *cemposalli*: veinte, número preferido por ellos, y *xochitl*: flor. Es decir veinte flores o muchas flores. Por la costumbre que tienen los indígenas de adornar con ellas las tumbas de sus familiares el 2 de noviembre, también se la llama flor de muerto.

A las cinco de la mañana, familias enteras reunidas alrededor de una bella ofrenda o de una tumba humildemente iluminada, se ponen de pie al iniciarse la misa en Ihuatzio. Las luces de las velas, iluminan con tonos rojizos la figura del sacerdote mientras se escucha el eco de las oraciones con las que responden los participantes. La voz del sacerdote se oye claramente al leer el Evangelio seguido de un corto sermón y antes de acabar la misa, las manos se extienden para darse mutuamente en un cálido apretón, el saludo de la paz.

El oficio religioso termina y todos vuelven a concentrar su pensamiento en el familiar que descansa bajo la lápida iluminada por los cirios.

Luego, de una tumba a otra, comienzan a intercambiarse las ofrendas en forma de alimentos, frutas y pan. Ha llegado el momento de consumir lo ofrendado y de volver a los hogares. El frío del amanecer se hace sentir…

CAMPANARI

Continuando con la celebración en la isla de Janitzio, la mañana del 2 de noviembre se realiza el *Campanari* u ofrenda de los frutos de la cosecha. Éstos son recogidos por los mismos jóvenes, que la noche anterior participaron en el Teruscan, sólo que en esta ocasión no "roban". El Campanari es una donación que se pregona y solicita en voz alta por las calles del

As the journey had to continue, they wept for their dead.

"Why aren't there flowers to decorate the resting place of our loved ones who have preceded us?," someone asked. Then he knelt and surrounded by his relatives prayed to Tonatiuh (the sun god) and requested: "Give us flowers to beautify the place where our people lay."

A day later, according to the legend, the fields were covered with the *cempasuchitl* flowers and they were as beautiful as golden balls. The natives interpreted that the sun god had answered their prayers and had sent the flowers with a golden color, as intense as the sun rays on a clear sunny day.

At that moment the Aztecs went to the fields, picked as many flowers they could gather and placed them as a sign of affection and respect at the site where their beloved ones were.

The word *cempasuchitl* in Nahua means *"cemposalli"* (twenty) their favorite number, and *"xochitl"* (flower). In other words, twenty flowers or many flowers. The ancestors adorned the graves of their loved ones on November 2, for this reason this flower is also called flower of the dead.

At five o'clock in the morning in Ihuatzio, entire families gather around a beautiful offering or a humbly lit tomb to have Mass. The candlelights with reddish reflections on the priest's figure while the participants respond to prayers, creating an echo. The voice of the priest is clearly heard while he reads the Gospel followed by a short sermon. Before the end of the Mass, participants give each other a warm hug as a symbol of peace. The religious service ends and everyone's thoughts return to the beloved ones that rest under the candlelit grave.

Then, from one tomb to another they start to exchange bread, fruit and food. The moment has come to consume the offered goods and to return home. The early hours are very chilly...

THE CAMPANARI RITUAL

On the morning of November 2, the *Campanari* (offering of the fruit of the harvest) takes place. The gathering is done by the same youngsters who participated in the Teruscan the night before, only on this occasion they do not "steal." It is a donation that is proclaimed and announced in the loud voice throughout the streets of the town — *"Campanari, Campanari, Campanari."* On the same night, the fruits of the households are delivered to the priest who responds from the temple.

Janitzio, Ihuatzio, Jaracuaro, Tzurumutaro and Tzintzuntzan, Cucuchucho are Tarascan centers where death has a meaning that differs from the one modern civilization gives it.

Life and death are joined in bondage of continuity and maintained during the centuries by the beliefs of the people at this place. To visit any of these towns during this festivity, calls for deep reflections in regard to this great mystery and as I return home, I leave with a new reality regarding the beginning and the end of this long journey, that we must all traverse.

pueblo: *"Campanari, Campanari, Campanari"*. El producto que se obtiene de sus habitantes se entrega al sacerdote quien dice los responsos en el templo, en la tarde de ese mismo día.

Janitzio, Ihuatzio, Jarácuaro, Tzurumútaro, Tzintzuntzan, Cucuchucho son centros tarascos donde la muerte adquiere un significado diferente al que la cultura moderna le atribuye.

Allí, la vida y la muerte se abrazan en un lazo de continuidad, sostenido durante siglos por las creencias de sus habitantes. Visitar cualquiera de estas poblaciones, en estas fechas, es profundizar en este misterio y regresar al hogar con un cambio muy grande en la percepción sobre el principio y el final de este largo camino, que todos estamos recorriendo.

Pacanda

De cara al Sol, la Vida renace en Pacanda el Día de Muertos

Después de velar a sus muertos durante toda la noche, el canto de los gallos anuncia el amanecer del dos de noviembre y produce un ambiente de feliz expectativa entre los habitantes de Pacanda. El cementerio es el único lugar de esta isla del lago de Pátzcuaro, donde miles de velas encendidas crean un escenario mágico para los recuerdos y la nostalgia por los seres queridos que se adelantaron en el camino.

Poco a poco, comienza a notarse el perfil del árbol que se eleva en el lado izquierdo, al fondo del camposanto. La obscuridad se hace menos intensa a medida que pequeñas vetas azules se dibujan en el firmamento para dar enseguida, paso a los tonos rosados del amanecer.

Los hombres que pasaron la noche en actitud silenciosa e inmóviles, cuidando de mantener encendidas las velas con que alumbraron las tumbas, comienzan a agitarse. Las figuras de las mujeres envueltas en los rebozos, se paran, desperezándose, al tiempo que las ofrendas principian a ser repartidas.

Face the Sun: Life is Reborn in Pacanda on the Day of the Dead

After keeping vigil of their dead all night, the rooster announces the dawn of the second day of November, bringing about a long awaited atmosphere of joy to the inhabitants of Pacanda. The cemetery is the only place on this island in the lake of Patzcuaro where thousands of lit candles create a magical setting for the memories and nostalgia for the loved ones who departed before them on this life's journey.

Little by little I can see the profile of the tree on the left, as it reaches the sky at the bottom end of the cemetery. The darkness is less intense as small blue streaks appear in the sky to give way to pinkish tones of dawn.

After spending the night awake, motionless and with an attitude of silence, the men who kept vigil over the candles that gave light to the tombs start to move about. The silhouettes of women wrapped in their shawls are seen standing and stretching, as the

Dos jóvenes piden los frutos de la tierra que adornaron las tumbas durante la noche, mientras que, como por encanto, se va elevando el murmullo de las conversaciones.

Los rezanderos, indiferentes al cambio sutil que se produce ante la cercanía del nuevo día, a solicitud de los familiares, continúan rezando rosarios al pie de los sepulcros.

Las tonalidades rosas del amanecer suavizan las expresiones de los rostros cansados, en tanto que las figuras de las mujeres protegidas del frío por sus rebozos y las de los hombres cubiertos con sus sarapes se delinean con nitidez en el horizonte. Ellos, en la misma actitud que mantuvieron durante toda la noche, la de guardianes al pie de las tumbas, dan también la bienvenida al nuevo día.

Durante largas horas y bajo la sombra de la noche, los habitantes de Pacanda han acariciado el misterio de la muerte. Los cirios encendidos, que cual sábana brillante, cubren el camposanto de la isla, iluminan esta comunión espiritual.

La vigilia nocturna ha sido larga. Aproximadamente a la medianoche, figuras silenciosas adornaron

offerings are being distributed. Two youngsters ask for the fruits of the land that were used to decorate the tombs during the night; meanwhile like magic, the murmur of the conversations can be heard.

The people who say the rosary remain indifferent to the subtle change that brings about the nearness of a new day; at the request of the relatives, they continue to pray at the feet of the tombs.

The pinkish tones of dawn, soften the expression on the weary faces of the men; meanwhile the outlined figures of the women wrapped in their shawls and men covered in their sarapes to protect themselves from the cold, can be clearly seen in the horizon. In the same manner in which they kept vigil the night before at the feet of the tomb, they welcome the new day.

During long hours, under the darkness of the night, inhabitants of Pacanda have cherished the mystery of death. Like a white sheet, the lit wax candles covered the island's cemetery, illuminating this spiritual communion.

The nocturnal vigil has been a long one. Close to midnight, silent figures adorned the tombs with wax

con ofrendas y velas las tumbas de sus seres queridos. Las mujeres con el cuerpo inclinado, quemando *copal* dejaron pasar las horas mientras los hombres, respetuosamente, montaban guardia sin moverse, a pesar del frío que alrededor de las cuatro de la mañana se hace sentir en el lugar.

Los muertos han recibido su homenaje de amor y respeto. Donde se encuentren, sus almas tranquilas al ser recordadas por sus familiares, vuelven a su descanso eterno. En el ambiente se siente la electricidad de la expectativa de lo que significa el amanecer: un renacimiento, un despliegue de colores y esperanzas a la alegría de vivir.

Allí en Pacanda, sus pobladores, al igual que en muchos lugares del área lacustre de Pátzcuaro, participan en el ritual de la celebración. Al despuntar el día, cada dos de noviembre, con la cara vuelta al sol esperan que el disco dorado se eleve para sentir en la piel y en el alma la vitalidad que da su luz, confirmando que la vida renace con cada amanecer, en particular, en este día después de una larga noche de vigilia comunal.

candles and offerings. In a stooped position, the women burned copal letting the hours go by, meanwhile the men stand guard respectfully, and motionless, despite the freezing cold weather at four o'clock in the morning.

The dead have received their homage of love and respect. After being remembered by their relatives, the tranquil souls go back to their eternal resting place. In the atmosphere one can feel the excitement of what a new dawn means—a renaissance, a song of colors and hope to the joy of life.

There in Pacanda, its inhabitants, like in other lake villages in Patzcuaro, participate in the ritual of this celebration. Facing the sun, every November second the inhabitants face the sun as dawn breaks, waiting for the golden disc to rise, anxious to feel on their skin and souls the sunlight, reaffirming that life is reborn with every new day, especially on this day, after a long night of communal vigil.

Almost instantly, and like a burst of life, the sun rises in the horizon dissipating with its golden light the shadows of the uncertainty and the mystery that surrounds man when faced with death.

Among the treasures in the lake village of Patzcuaro is the island of Pacanda. Almost unknown is the way its inhabitants celebrate their ritual of the Day of the Dead.

My journey started at this place twenty four hours before dawn where I felt life being reborn.

Just like in Janitzio, in the morning of the first of November, the children are the ones that carry out the ritual of paying homage during the Little Angel's Vigil. This celebration, although unknown to many, is carried out in several lake villages; Pacanda is no exception. On the island of Pacanda, this tradition remains pure, guarded by 120 families who on November first meet at dawn at the cemetery to carry out the ritual of the Little Angel's Vigil.

The boat takes me early in the morning to the island, traveling the distance between Patzcuaro and Pacanda. The cold wind caresses my face while I see the sun rise. The vegetation appears a lavish green as the boat glides in the lake's water. Pacanda is located in the northeast part of Patzcuaro and is one of the seven islands that beautify the lake of Patzcuaro.

Across Patzcuaro is the island of Janitzio. To the north of Janitzio are Tecuen, Yunuen, and Pacanda. Pacanda is circular in form, and is located in the center of the lake, dominating most of the surround-

Casi de repente y como un estallido de vida, el astro rey asciende en el horizonte desvaneciendo con su luz dorada las sombras de la incertidumbre y del misterio que acompaña al hombre ante la muerte.

En el cofre de las joyas que contiene la región lacustre de Pátzcuaro, está la isla de Pacanda, sin embargo muy pocos conocen la forma como sus habitantes celebran el ritual de Día de Muertos.

Mi jornada se inició allí 24 horas antes de ese amanecer donde sentí renacer la vida, junto con sus moradores.

Al igual que en Janitzio, en la mañana del primero de noviembre, son los niños quienes realizan el ritual de rendir el homenaje durante la Velación de los Angelitos. Aunque desconocida para muchos, esta celebración se realiza en varias poblaciones del área lacustre y Pacanda no es la excepción. En esta isla la tradición permanece pura, custodiada por sus habitantes, quienes al rayar el alba del primero de noviembre, se dan cita en el cementerio para realizar el ritual de la Velación de los Angelitos.

Ese día, con el viento frío de la mañana acariciando mi rostro, la embarcación que me lleva a la isla, recorre la distancia que existe entre Pátzcuaro y Pacanda, mientras veo elevarse el sol. La vegetación de las islas muestran un verde esplendoroso, mientras la embarcación se desliza por las aguas del lago. Pacanda está ubicada en dirección noroeste de Pátzcuaro y es una de las siete islas que embellecen el lago de Pátzcuaro.

Frente a Pátzcuaro se encuentra la isla de Janitzio, visible desde la población, hacia el norte detrás están Tecuén, Yunuén y Pacanda, ésta le sigue en longitud a la isla de Jarácuaro, su forma es casi circular y está ubicada en el centro del lago, por lo cual domina la mayor parte del contorno lacustre. El significado de la palabra Pacanda es "empujar algo en el agua".

Pacanda ha estado habitada desde la época prehispánica; en la actualidad, cuenta con alrededor de 120 familias. Su población, dominada mayormente por niños, está cercana a los mil habitantes.

La celebración de la Velación de los Angelitos se realiza a tempranas horas de la mañana. Las figuras de mujeres mayores, envueltas en sus rebozos, sirven de modelo para que los niños realicen, igualmente, la ceremonia de velación en un ambiente de silenciosa devoción. El ritual dura pocas horas, pero la intensidad de su significado es palpable. Un grupo de hombres, llamados rezanderos, oran frente a las tumbas. En el

ings of the lake villages. The meaning of the word Pacanda is "pushing something in the water."

Pacanda has been inhabited since the pre-Columbian era. At the present time there are 120 families. Its population approximates a thousand inhabitants, mostly children.

The Little Angel's Vigil celebration takes place early in the morning. In an atmosphere of silent devotion, silhouettes of elderly women wrapped in shawls serve as a model for children to participate, as in the wake. The ritual lasts a few hours, but the intensity of its meaning is apparent. A group of men pray in front of the tombs. In the silence of the morning, their voices seem loud, making it easy for them to be found. According to the requests of the families, the men praying go through the cemetery. They finish their religious mission in the center of the cemetery in front of a cross made of stone. At this site the men pray their last rosary of the diurnal vigil.

Around ten thirty in the morning, the offerings are removed. The children and adults return to their homes; the cemetery remains in silence until mid-

silencio de la mañana sus voces se elevan haciendo que se localicen fácilmente sus figuras arrodilladas. Recorren el cementerio de acuerdo a las solicitudes que se les hacen y terminan su misión religiosa en el centro del camposanto, frente a una cruz de piedra. Allí rezan el último rosario de la velación diurna.

Similar a lo que sucede en Janitzio, alrededor de las diez y media de la mañana, se levantan las ofrendas en Pacanda; los niños y los adultos regresan a sus hogares y el cementerio queda en silencio hasta la medianoche, cuando se vuelven a escuchar los Aves Marías y Padre Nuestros de quienes desgranan entre sus dedos las cuentas del rosario.

Los habitantes de Pacanda se dedican a la agricultura así como a la pesca, al igual que a la elaboración de las artesanías con fibras vegetales; éstas son actividades indispensables en el mantenimiento económico de la comunidad.

Se recorre fácilmente la isla a pie, observando los paisajes y gozando de cada uno de los aspectos que saltan a la vista desde diferentes puntos de Pacanda. Pequeñas casas, con paredes blancas y techos de tejas, se destacan rodeadas de flores de cempasúchitl que sus

night, when the Hail Mary and Our Father can be heard from those who pray the rosary.

The inhabitants of Pacanda make their living from agriculture and fishing, also from the production of handicrafts made with fiber plants, all essential activities in the economy and for the survival of the community.

You can easily travel by foot, viewing the scenery and enjoying each sight that appears before you from every part of Pacanda. Surrounded by *cempasuchitl* flowers, small houses with white walls and tile roofs stand out. The dwellers plant their flowers early enough to pick them on November 1 to decorate their relative's tombs at night. At their homes the women dedicate themselves to preparing the food to be placed on the altar; soup is a main course prepared with duck which was hunted earlier on the shores of the lake.

During the journey one can admire a lake inside the island. It could be used for spawning of fish for the inhabitants and for export of outside trade. The possibilities to improve the inhabitants' living conditions are very good.

As I began this journey on November 1, the hours of the afternoon and early hours of the evening seem

moradores plantan con anticipación, para cortarlas este día y decorar en la noche las tumbas de sus familiares. En las casas, las mujeres se dedican a preparar las viandas que colocan en el altar, entre las que sobresale el caldo preparado con el pato que cazan los hombres en las riberas del lago.

En el recorrido se puede admirar un lago interior que tiene la isla, el cual, podría ser utilizado como criadero de peces para consumo interno y venta exterior. Las posibilidades de mejorar las condiciones de vida de los habitantes de la isla son muy buenas.

Las horas de la tarde y primeras de la noche de esta jornada que inicié al despuntar el día del primero de noviembre, se deslizan lentamente. Ya hacia la noche, un grupo de pequeños quedan a cargo de repicar cada cierto tiempo la campana de la iglesia.

Alrededor de la medianoche, las figuras de las mujeres protegidas del frío con el clásico rebozo oscuro, se encaminan hacia el cementerio, ayudadas con su carga por los hombres. Llevan en sus brazos: ofrendas, flores, quemadores de *copal* y cirios preparados para iniciar la velación nocturna.

to go by slowly. As evening approaches, a group of small children are left in charge and are instructed to toll the church bell at a designated time.

Around midnight the silhouettes of the women wrapped in their typical dark shawls, which cover them from the cold weather, make their way towards the cemetery. Assisted by the men and prepared to start their nocturnal vigil, they carry offerings, flowers, *copal* burners and wax candles.

In silence they clean and decorate the tombs, light the wax candles, and prepare themselves to spend the night accompanied by the nostalgic memories of their loved ones. Gradually the glittering of the lit wax candles grows like a mantle, covering the cemetery and eliminating the darkness of the night. Entire families share prayers; with their babies in their arms, young mothers rock their infants while they reminisce. The night is long, and the memories are intense.

A majority of the elderly women I saw earlier in the morning during the Little Angel's Vigil, return that evening to the cemetery. Their silhouettes have the same stooped position. Many of them seem to float in a cloud of wax candlelights; depending upon

En silencio, limpian y adornan las tumbas; prenden las velas y se disponen a pasar la noche en compañía del recuerdo nostálgico de sus seres queridos. Gradualmente, aumenta en intensidad la brillantez del manto de velas encendidas que cubre el cementerio, auyentando la obscuridad de la noche. Familias enteras comparten oraciones, con sus bebés en los brazos; muchas madres jóvenes acunan también sus recuerdos. La noche es larga y los recuerdos son intensos.

Varias de las mujeres mayores que vi en la mañana en el cementerio durante la Velación de los Angelitos, inspirando con su ejemplo a los niños de la isla, regresan esa noche al camposanto. Sus figuras tienen la misma posición de reposo y muchas de ellas parecen flotar en una nube de cirios encendidos, dependiendo solamente del ángulo que se miren sus cuerpos, cubiertos por el rebozo.

Ofelia, una madre joven, parece elevarse entre decenas de velas. Envuelve en una manta de lana a su pequeño hijo que quiso acompañarla durante la velación. Conversa en voz baja sobre su tradición, sus obligaciones y responsabilidades de madre y esposa y

the angle from which you view their silhouettes, they appear to be suspended in air.

Ofelia, a young mother who appears to be suspended in air by dozens of candles, wraps her young child in a wool blanket; the child wanted to keep her company during the vigil. In a soft voice she converses regarding her tradition, her responsibilities as a mother and housewife. She asks about traditions in other places that she can only imagine. Her figure and attitude demand dignity.

In some areas of the cemetery, small fires keep the participants warm. Hot drinks are given by little girls to family members and friends nearby the tombs. No one is left out when the warm drinks are being served, alleviating the chill of dawn.

Prepared and eager to take part in the magic of this ritual, with the permission of relatives who took part in the vigil, I lit candles in different tombs. I called upon my deceased loved ones whose remains are resting in another part of the world. Because of the generosity of the inhabitants of Pacanda who shared this moment where life and death come together, the memory of my beloved deceased was more intense.

cuestiona costumbres de otros lugares que sólo imagina. Su figura y actitud emana dignidad.

En algunos puntos del cementerio se encienden fogatas, se preparan ponches que algunas niñas se encargan de repartir entre los miembros de la familia y los amigos que velan en las tumbas cercanas.

A nadie se ignora en el momento del reparto de la bebida caliente, que ayuda a disipar un poco el frío de la madrugada.

Preparada y deseosa de ser parte de la magia de este ritual, con el permiso de los familiares que velaban, encendí velas en diferentes tumbas evocando a los miembros de mi familia, cuyos restos descansan en otra parte del mundo. Aquí, el recuerdo de esos seres queridos se hace más intenso ante a la generosidad de los habitantes de Pacanda, al compartir este momento donde la vida y la muerte se funden en los recuerdos.

En el silencio se siente la fraternidad y el gozo de entregarse a su tradición. No es necesario hablar, los nativos de esta isla proyectan, sin palabras, una calidez humana muy profunda que se vuelve casi física, en esa noche de misterio y creencias ancestrales.

In the silence one can feel the fellowship and joy of giving yourself to the tradition. It isn't necessary to speak. Without words, the natives of this island project a profound candor. This night of mystery and ancestral beliefs becomes almost tangible.

The magic of dawn scatters the darkness of the night. The rays of sunlight illuminate with a golden glow. Anticipating the warmth it will bring to their bodies, the faces look towards the sun. During the night hours I have mentally relived each of the experiences of this celebration that started the day before with the Vigil of the Little Angels.

Once again young men capture my attention as they collect the offerings which will be distributed two hours later on the church atrium to the children, who during the night made the sounds of the bells heard and to the few visitors who were fortunate enough to be allowed to penetrate and to participate in the experience of their beliefs and rituals.

For the second time in a twenty four hour period, I left the cemetery and walked side-by-side with the natives to the pier, where my boat awaited to take me to Patzcuaro. Once more I have lived the magic of the ancestral traditions of the native communities of Mexico.

La magia del amanecer borra la negrura de la noche. Todo toma un tinte dorado, los rostros se levantan hacia el sol ansiosos del calor que brinda a sus miembros ateridos. Mentalmente he revivido durante las horas de la noche, cada una de las experiencias de esta celebración que empezó con la Velación de los Angelitos, el día anterior.

Captan, nuevamente mi atención, los jóvenes que realizan la colección de ofrendas, que dos horas más tarde, repartirán en el atrio de la iglesia a los niños que, durante toda la noche, hicieron oír el sonido de las campanas y a los escasos visitantes que tuvimos la suerte de que se nos permitiera penetrar y convivir en sus creencias y rituales.

Por segunda ocasión, en un lapso de veinticuatro horas, me alejo del panteón, caminando junto con los habitantes de la isla. Recorro el tramo que me separa del muelle donde me espera la embarcación que me llevará a Pátzcuaro. Una vez más, he vivido la magia de las costumbres ancestrales de las comunidades indígenas de México.

Cada paso que doy renueva el deseo de volver para vivir una y otra vez esta experiencia tan profunda, que si bien no contesta las preguntas que me hago ante el misterio de la muerte, sí me ayuda a aceptar y a vivir a plenitud, la realidad de que el recuerdo y el amor son permanentes.

Viví la muerte durante 24 horas seguidas y renací de una manera especial, cuando mi rostro se volvió hacia el horizonte y de cara al sol me llené de su luz y calor. Volví a recorrer los caminos con la seguridad de que el amor no tiene fronteras y que son los recuerdos, en noches como éstas, los que me permiten construir un puente de comunicación con mis seres queridos, dándome la seguridad de que la separación es temporal. Y que, si bien es cierto cruzaré sola el umbral de la muerte, ellos estarán del otro lado con las manos extendidas, apoyándome con su amor en el momento de la transición...

Each step I take to Patzcuaro renews my desire to go back and relive time and time again this profound experience. Even though it doesn't answer the questions I have regarding the mystery of death, it helps me to accept and live life to its fullest, in the reality where memories and love are everlasting.

For twenty four hours I have reminisced about death. I was reborn in a special way when my face turned towards the horizon. While I faced the sun, I was filled with its light and warmth. I retraced my steps and built a bridge of communication with my loved ones, with the assurance that love has no barriers and separation is only temporary. Knowing that one day I will stand alone at the threshold of death, my loved ones will be waiting at the other side with their arms extended, supporting me with their love at that moment of transition...

Through th

e la Vida

e Journey of Life

POR LOS CAMINOS DE LA VIDA, DÍA DE MUERTOS EN MICHOACÁN

"¿Qué es la Muerte? Es el vaso de la vida roto en mil pedazos y el alma dispersa como el perfume, que se escapa de un pomo, en el silencio de la noche eterna". *(Autor anónimo)*

Para muchos, la muerte es algo indefinido, incierto; para otros, es el comienzo de una nueva vida a la que se llega después de un largo trajinar por ésta, en la que se hacen méritos a través de trabajos arduos y sufrimientos diarios. Quien acepta esta forma de ver la vida, con la esperanza de una mejor, no le teme al momento de la transición, pues tiene la seguridad de que obtendrá reposo y felicidad en aquella del más allá.

En muchas poblaciones de México, se aprende desde la niñez, a considerar la muerte como el paso hacia la verdadera vida. A no temerle y a honrar el recuerdo de los familiares fallecidos.

Esta creencia se manifiesta en forma casi física, durante la celebración del Día de Muertos, con tal

THROUGH THE JOURNEY OF LIFE, DAY OF THE DEAD IN MICHOACAN

"What is death? It is the glass of life broken into a thousand pieces, where the soul disperses like perfume from a flask, into the silence of the eternal night." *(Author Unknown)*

For many people death is something undefined, uncertain. For others, it is the beginning of a new life that can be obtained through the merits of a long journey of daily hardships and hard work. Those who believe there is life after death do not fear the moment of this transition. They believe there is peace and happiness in the life to come.

In many Mexican towns a child is taught early in life to consider death as a step toward the real meaning of life, not to fear death and to honor the memory of family members.

This belief becomes almost a reality during the Day of the Dead celebration, the ritual is commemorated with such energy that it transcends boundaries to the point where death becomes a part of life.

energía que trasciende fronteras, convirtiendo a la muerte en parte de la vida.

Son muchos los estados del centro y sur de la República Mexicana en donde esta tradición se manifiesta en todo su esplendor. Uno de ellos es Michoacán y la región que se caracteriza por la riqueza en la forma de demostrar sus creencias, es la del área lacustre de Pátzcuaro, como lo he narrado en los dos primeros capítulos.

En cuatro ocasiones he recorrido los alrededores de Pátzcuaro visitando, durante la celebración de Día de Muertos, poblaciones en la orilla del lago, así como algunas islas y he encontrado en sus habitantes una fuente inagotable de creencias que generosamente las han compartido conmigo. Creencias cuyo origen están en la cultura purépecha y náhuatl, que luego en la época de la conquista española se fusionó con la religión católica.

Una de ellas, por ejemplo, se refiere a la aceptación de la muerte de un ser querido. En los hogares purépecha frente al momento de la transición, el familiar más cercano de la persona que está a punto de fallecer, se dirige al Creador y le dice: "Te lo entrego, te lo regalo, no lo lloro, lo hago con alegría", lo que demuestra la profundidad del sentimiento religioso y la aceptación de lo inevitable, por parte de los habitantes de esta región michoacana.

ANTECEDENTES

Desde la época prehispánica, los naturales de estas tierras han dedicado varios días para honrar a los muertos. Con la llegada de los españoles, se continuó esta tradición de generación en generación entre los indígenas, modificada de acuerdo al calendario católico.

Así, al celebrarse el día de muertos, al ser querido de una familia que ya partió se le espera con la tradicional ofrenda que se coloca en la habitación principal de la casa o troje. Se monta un altar con flores de *cempasúchitl*, se elabora una cruz si el difunto fue hombre o un arco si fue mujer. Se coloca una prenda muy querida de la persona, gabán o sombrero para los señores y sus herramientas de trabajo, remo y chinchorro si fue pescador, arado si fue agricultor, etc. A las mujeres se la representa con su rebozo, su mandil y se pone sobre una batea rollo o sagalejo, junto con el *huaringo*, la enagua y faja y también los instrumentos de su oficio.

POR LOS CAMINOS DE LA VIDA

Con el deseo de establecer una ruta que otras personas puedan seguir, decidí hacer una en base a la

There are many states in the South and Central part of the Mexican republic, where this traditional celebration is visible in all of its splendor. The state of Michoacan and the villages in the region of Patzcuaro, are well known for the manner in which the natives express their beliefs, especially during this celebration, as you have seen in the first two chapters.

For four consecutive years I have traveled to Patzcuaro, visiting the towns surrounding the lake, and some of the nearby islands. Some of the natives I have encountered, have generously shared their strong ideas and beliefs and have been an inexhaustible source of information. These beliefs have their origins in the Purepecha, the Nahua culture, and the Spanish era, blended with the Catholic religion.

In the Purepecha homes, when a loved one passes away, the closest member to the dying prays to the Creator and repeats: "I give him to You, I deliver him to You, I do not cry, I do it gladly." Their profound

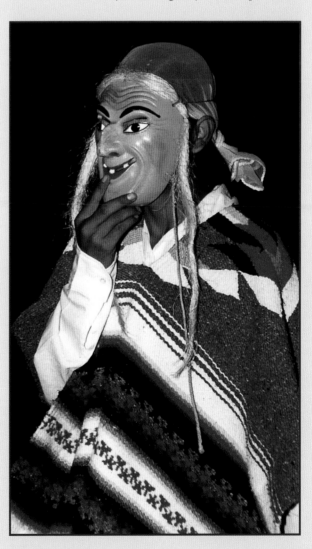

53

experiencia de los recorridos que he realizado durante estos años.

En el área de Páztcuaro se inicia la festividad de muertos, con celebraciones musicales en la isla de Yunuén, en la que se ofrece *pirekua* (canto), *uarhakua* (danza) y *kuskahua* (música purépecha), este festival ofrece al visitante la rara oportunidad de poderse adentrar en el folklore de la región.

Recomiendo llegar a la isla alrededor de las 11 de la noche del 31 de octubre. El camino que lleva hasta el muelle de San Pedrito en Pátzcuaro, donde esperan las embarcaciones, está señalado con antorchas para guiar al conductor. En la isla de Yunuén se pueden observar a las jóvenes participantes engalanadas con sus vestidos tradicionales y sus trenzas adornadas con muchos lazos de diferentes colores.

VELACIÓN DE LOS ANGELITOS EN JANITZIO Y PACANDA

Es aconsejable ir al muelle de Pátzcuaro para cruzar el lago, muy temprano en la mañana del primero de

religious belief and the acceptance of the inevitable manifests itself at the moment of death.

BACKGROUND

Since the pre-Hispanic era, the natives of this region have dedicated various days to honor their dead. With the arrival of the Spaniards, the tradition has been carried on from generation to generation, and revised according to the Catholic calendar.

As the celebration of the dead approaches, preparations to welcome the souls of loved ones get under way to receive them with a traditional offering made out of *cempasuchitl* flowers. The offering is placed in the main room of the house or in the barn. If the deceased was a man, the altar is created in the shape of a cross. If the deceased was a female the arrangement is made in the shape of an arch. A favorite item of the departed is placed at the altar. An overcoat or hat for a man, if his trade was a fisherman, an oar and a net are placed at the altar, and a plow if he worked in the fields. For a woman, a shawl, an apron over a rolled

54

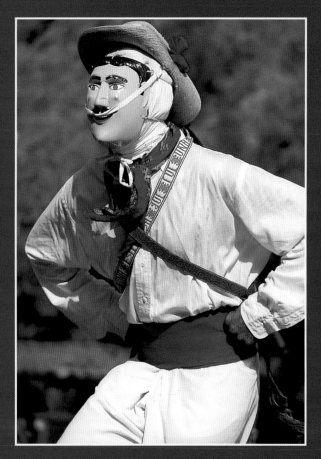

noviembre, ya sea que se dirijan a la isla de Janitzio o de Pacanda, donde se puede observar el ritual de la Velación de los Angelitos. A través de él, los niños reciben de sus mayores el ejemplo y las indicaciones de cómo realizar la velación. Son los niños, al pie de la tumba, honran la memoria de los fallecidos. Por tres horas, ellos son los encargados de colocar las flores, mantener los cirios encendidos y rezar en actitud recogida.

Parte de la velación de los Angelitos incluye el colocar en los altares que se levantan en las casas, sus prendas de vestir y sus juguetes preferidos.

Preparativos en Erongarícuaro

Al concluir la ceremonia de la velación de los Angelitos, alrededor de las 10 de la mañana, se puede continuar por carretera desde Pátzcuaro a Erongarícuaro, para observar los preparativos de la celebración que tendrá lugar en la noche. El recorrido toma alrededor de 45 minutos; al llegar a esta población que está en la orilla del lago, se observa en la entrada de la iglesia, construída alrededor de 1823, un arreglo de flores sostenido con cabos, en el que se lee "Feliz Noche de los Muertos", mientras que debajo de él, algunos menores juegan tranquilamente a las canicas. En el

tray, their *huaringo*, a slip or girdle and also her everyday utensils are placed at the altar.

Through the Trails of Life

Over the years I have visited this region, I have lived unforgettable experiences and would like to share them and establish a path for others to follow.

In the area of Patzcuaro in the island of Yunuén, the festival of the dead gets under way with a musical celebration with *pirekua* (singing), *uarhakua* (dancing), and *kuskahua* (Purepecha music), giving visitors the rare opportunity to penetrate deep into the folklore of this region. I recommend visitors to arrive at the island at around 11 o'clock on the evening of October 31.

The road is signaled by torches that take you to the dock of San Pedrito in Patzcuaro where the boats await the visitants. In the island of Yunuen, the young girls dress in traditional attire with their hair in braids, adorned with ribbons of various colors.

Vigil of the Little Angels in Janitzio and Pacanda

To cross the lake of Patzcuaro on November 1, whether going to the island of Janitzio or Pacanda to celebrate the Vigil of the Little Angels, it is recommended to go early to the dock.

At this vigil, children learn from the example and instructions of the elderly how to celebrate this tradition. In a solemn attitude, the children stand at the foot of the tomb for a period of three hours. They are the ones in charge of placing the flowers on the tomb, keeping the candles lit and praying silently.

At the homes where a deceased child is being remembered, clothing and toys that belonged to the child are placed at the altar that has been prepared for his wake.

Preparation for the Celebration in Erongaricuaro

At the conclusion of the Little Angels vigil around 10:00 a.m., I continued on the road from Patzcuaro to Erongaricuaro, where preparations were taking place for the evening's festivity. The journey takes about 45 minutes.

Erongaricuaro is located at the edge of the lake. Opon arrival, one can see from a distance a church that was built around 1823. At the entrance of the

church an arrangement of flowers held by ropes reads "Happy Night of the Dead."

As I moved closer, there were some children playing with marbles and a group of people were busy working in the atrium of the church preparing the stage where folkloric dances take place during the evening. It is customary in some towns to have traditional dances before the townspeople go to the cemetery to honor their dead relatives.

In my visit to the cemetery in Erongaricuaro, I met some townspeople who had been cleaning the tombs earlier that morning. An elderly woman with two children, Erika, eight years old and María, ten, sat quietly by the gravesite beginning their vigil to their loved one.

At the cemetery, I was informed of the celebration of the offering to the deceased children in Zirahuen. I proceeded to travel a dirt road to Zirahuen, making a connection with the Patzcuaro-Uruapan highway.

Offering in Honor of the Children in Zirahuen

As soon as I entered the cemetery, I was surprised by a young girl who gave me an offering which consisted of cooked chayote, sweet pumpkin, prunes, lime, and fresh corn kernels. This offering was shared by Edgardo Melchor Ocampo and his wife Isela

atrio, varias personas se mantienen ocupadas preparando el escenario donde todos los años, la noche del primero de noviembre, se hace la presentación de bailes folklóricos. Es costumbre en algunas poblaciones realizar bailes tradicionales, antes de que los pobladores vayan al cementerio a velar a sus parientes.

Al visitar el cementerio de Erongarícuaro, me encontré con varias personas que desde temprano, estaban limpiando las tumbas, aunque ya habían también otras sentadas velando a sus familiares. Un grupo lo formaban, en actitud tranquila, una mujer mayor con Erika y María, dos niñas de ocho y diez años de edad, respectivamente.

En el panteón me informaron que en Zirahuén, se celebra la ofrenda de los niños en la mañana del primero de noviembre. Siguiendo un camino de terracería, me encaminé al lugar, al que llegué conectando con la carretera Pátzcuaro-Uruapan.

Ofrenda para los Niños en Zirahuén

Tan pronto como entré al cementerio y de manera sorpresiva, fui recibida por una joven que en una charola de madera me ofreció una ofrenda, consistente en: chayotes cocinados, calabaza dulce, ciruelas, lima, pan y maíz tierno.

Era la ofrenda que Edgardo Melchor Campos y su esposa Isela Guadalupe estaban compartiendo en memoria de su hijito Filiberto Melchor. La madre, joven y bonita, con una ofrenda de tres pies de altura decorada con flores de *cempasúchitl,* angelitos y animalitos hechos de azúcar, colocada en la cabecera de la tumba de su bebé, estaba rodeada de tinajas llenas de chayotes, maíz hervido, frutas y calabaza en dulce, de las cuales iba sacándolos para preparar las bandejas de las ofrendas que, rápidamente las niñas de la familia, se encargaban de repartirlas entre las personas que ingresaban al cementerio; fuesen conocidos o no.

Una mujer de alrededor de 50 años, arrodillada al pie de la tumba, frente a Isela Guadalupe inicia el responso por el descanso del alma del bebito. En Zirahuén ella es la encargada de los rezos, diferente a lo que sucede en las islas de Janitzio y de Pacanda, donde los rezanderos son hombres. La rezandera de esta población lleva sus oraciones escritas en un cuaderno escolar, del cual las lee, dependiendo si se aplican a niños el día primero de noviembre, o a la recordación de los adultos, al siguiente día.

Con voz fuerte, la rezandera inicia al responso. Isela Guadalupe, detiene su labor de preparar las bandejas con las ofrendas, en tanto que los amigos, se congregan alrededor de la pequeña tumba para responder a la oración:

"Dichoso de ti ángel bello
que a la gloria vas a entrar
con tu palma y tu corona
y tu vestido de cristal." (bis)

El coro de amigos y conocidos responde:

"Dichoso de tí angelito
Dichoso el día en que naciste
Dichoso tu padre y madre
y padrinos que tuviste." (bis)

Al igual que Edgardo e Isela, varias parejas dispersas en el cementerio honran la memoria de sus pequeños, con un amor especial en la dedicatoria de la ofrenda nueva. En general, el cementerio se convierte en una colmena, en la que los adultos y niños realizan diferentes actividades, unos limpian las tumbas, otros arrancan hierbas y algunos preparan los sitios para recordar al día siguiente, en forma especial, la memoria de sus seres queridos.

De regreso a Pátzcuaro, alrededor de las tres de la tarde, se puede apreciar la venta de diferentes clases

Guadalupe in memory of their child Filberto Mel-chor. Isela, a young and beautiful woman was surrounded by large pots filled with chayotes, fresh corn kernels, fruits, and sweet pumpkin.

She prepared the dishes to be handed out by young girls who promptly greeted visitors, friends, and strangers alike as they entered the cemetery. The baby's tomb was decorated with an arrangement of *cempasuchitl* flowers, approximately three feet high adorned with little angels and little animals made out of sugar.

At the foot of the baby's tomb, a woman approximately 50 years old, kneels and initiates the prayers for the eternal rest of the baby's soul. In Zirahuen this lady is in charge of the prayers, unlike what takes place in the islands of Janitzio and Pacanda, where the people in charge are the men. A woman from this town takes her written prayers in a notebook from which she reads, and selects the appropriate prayers according to the age of the deceased. On November 1, she reads prayers dedicated to the vigil of the children and on November 2 prayers for the adults.

In a loud voice this woman initiates the intercessory prayers. Isela Guadalupe stops her work of preparing the trays of the offerings and friends congregate around the small tomb to participate:

de flores entre las que destacan el cempasúchitl y la cresta de gallo, esta última una flor roja aterciopelada.

VIGILIA EN LA NOCHE EN JANITZIO, PACANDA, TZINTZUNTZAN, JARÁCUARO Y CUCUCHUCHO

Al atardecer del primero de noviembre son varios los cementerios donde se pueden observar el inicio de la celebración de la vigilia de los adultos, uno de ellos es Jarácuaro. Después de visitar el sitio se puede continuar a Tzintzuntzan, donde el cementerio está dividido por la carretera que cruza el pueblo. Son muchas las leyendas del lugar, la receptividad de la gente y la manera tan singular de honrar la memoria de los fallecidos.

Los familiares comienzan a reunirse al atardecer para encender las veladoras, cuya llama protegen con cucuruchos (una especie de tubo hecho de papel periódico que colocan alrededor de la llama para evitar que la apague el viento). En Tzintzuntzan, adornan las tumbas con un arco del cual cuelgan panes y frutas; lo que indica que el difunto no tiene todavía un año de fallecido. Un manto de veladoras pequeñas cubre prácticamente cada tumba; algunas, incluso son decoradas con papel picado en forma de mariposas, ya que según las creencias, en algunas regiones de Michoacán, quien abandona este mundo y pasa a la vida eterna, en la madrugada del 2 de noviembre baja a la tierra a visitar a sus seres queridos transformado en mariposa, de allí ese tipo de diseño que se observa sobre algunas tumbas. En este tiempo, abundan estos insectos en el campo y en las comunidades y debido a esta creencia, el purépecha protege a la mariposa por considerarla sagrada.

En los primeros capítulos, he narrado la celebración y velación de la noche del primero de noviembre en los cementerios de Janitzio, Ihuatzio y Pacanda. En esta ocasión me concretaré a San Pedro Cucuchucho.

SAN PEDRO CUCUCHUCHO

Continuando el recorrido, después de convivir con los deudos en el panteón de Tzintzuntzan, decidí ir al cementerio de San Pedro Cucuchucho, el cual lo encontré iluminado por una luna casi llena, aunque veladamente cubierta por la neblina de la madrugada. Los nativos del lugar, envueltos en mantas, se reúnen en grupos, para pasar la vigilia entre los recuerdos, oraciones y humo de copal. Las velas, de casi un metro de altura, rodean las ofrendas de *cempasúchitl* puestas en la cabecera de las tumbas. Estas ofrendas, en forma

Blessed are you lovely angel
as you enter paradise
with a palm and a crown
and your crystal dress. (repeat)

The chorus of friends and relatives respond:

Blessed are you little angel
Blessed the day you were born
Blessed be your father and mother
and godparents you had. (repeat)

Throughout the cemetery, I saw many couples like Edgardo and Isela who were honoring the memory of their children. The offerings they prepare are a special token of their love for their deceased children. The cemetery looks like a beehive in which adults and children take an active role participating in different activities for this celebration. Some people clean tombs, others pull weeds and others start preparations for the following day to return and remember their loved ones.

As I returned to Patzcuaro, around three o'clock in the afternoon, I was able to appreciate a variety of flowers that were for sale, including *cempasuchitl* and rooster's crest (a velvet red flower).

THE NIGHT VIGIL IN JANITZIO, PACANDA, TZINTZUNTZAN, JARACUARO, AND CUCUCHUCHO

In the late afternoon on November 1, there are various cemeteries making preparations for the Vigil of the Adults, one of these cemeteries is Jaracuaro. Once you visit Jaracuaro you can continue to the village of Tzintzuntzan. The cemetery in Tzintzuntzan is divided by a road that leads you to town. There are many legends about this place, the receptiveness of the people, and the manner in which they honor the memory of their loved ones.

The relatives begin to gather in the afternoon to light the candles, and the flames are protected by *cucuruchos* (a type of tube made out of newspaper and placed around the flames to prevent the wind from blowing the flame out). In Tzintzuntzan if it hasn't been a year since the deceased passed away, the tomb is adorned with an arch from which they hang bread and fruits. Each tomb is covered with small candles, some tombs are decorated with *papel picado* (special paper cut in shapes of butterflies). According to the beliefs in some regions of Michoacan,

de pequeñas paredes, son colocadas a veces hasta tres de ellas creando un espacio privado, para el recuerdo de los familiares. Este diseño, en particular, se puede observar tanto en Janitzio, como en Pacanda, Ihuatzio y Cucuchucho.

Al igual que en otras poblaciones, el purépecha, envuelto en sus recuerdos y añoranzas, no rechaza al extranjero; todo lo contrario, espiritualmente, extiende su hospitalidad y habla de sus creencias. Contesta preguntas y comparte ofrendas, aceptando al visitante como si fuese casi un miembro de su familia, al que inicia en el misterio de la dualidad vida-muerte.

when the deceased leaves this world and passes to eternal life in the early morning of November 2 their soul returns to earth as a butterfly to visit their loved ones. This is an explanation as to this kind of design on some of the tombs.

At this time of the year, butterflies abound in the fields and in the community, the Purepecha believe that butterflies are sacred animals and protect them.

In the first chapters I have narrated the celebration and the vigil on the evening of November 1 in the cemeteries of Janitzio and Pacanda. I will now focus on San Pedro Cucuchucho.

Desde Ihuatzio se sigue un camino de tierra, lleno de desniveles, que lleva hasta el cementerio de Cucuchucho. El cementerio está a un lado de la carretera, el cual se puede divisar fácilmente por las luces de las veladoras y las fogatas; donde se mantiene hirviendo el ponche. Con esta bebida caliente, que comparten con el visitante, los nativos del lugar tratan de contrarrestar el frío.

Las dos de la mañana es una buena hora para hacer una visita a Ihuatzio, donde quizás es el lugar donde se ven con mayor profusión, las ofrendas que colocan alrededor de la tumba formando pequeñas "habitaciones". ¡Son verdaderamente impresionantes!

Velación de los Adultos en Zirahuén

El 2 de noviembre hay que regresar a Zirahuén, lugar de ensueño, tradiciones y leyendas.

Zirahuén tiene una población indígena y mestiza, el pueblo está enclavado a la orilla del lago del mismo nombre, en donde la claridad del firmamento, se refleja en el azul claro del agua. Este lago es conocido a través de una leyenda "como el espejo de los dioses".

A la entrada de la población, los niños detienen los vehículos, llevando en sus manos calabazas, para

San Pedro Cucuchucho

Once the celebration ended, I decided to go to the cemetery of San Pedro Cucuchucho which was illuminated by almost a full moon, although subtly covered by layers of fog. The natives cover themselves in shawls and get together in groups in a vigil full of memories, prayers and *copal* smoke. The candles measure almost one meter in height, and they encircle the offerings of *cempasuchitl* flowers at the head of the tombs. These offerings in the form of small walls are placed around the tomb creating a private space for the family members. This type of arrangement is seen in the towns of Janitzio, Pacanda, Ihuatzio and Cucuchucho during this celebration.

The Purepecha like in other villages, do not exclude tourists. On the contrary, in a spiritual fashion they extend their hospitality and share their beliefs as they wrap themselves in their memories and sorrow. They answer questions and share offerings, accepting visitors as if they were members of their own family sharing the mystery of their beliefs regarding death.

To travel to Cucuchucho there is an unpaved road. The cemetery is alongside this road, which can easily

las cuales piden una *"coperacha, para comprar la vela, que ya se terminó".*

En el cementerio se mezcla lo tradicional con lo moderno en las ofrendas, en las que se manifiesta un uso marcado de arreglos florales hechos con material plástico. Sin embargo, siguen dominando las costumbres indígenas; se pueden encontrar tumbas adornadas con una corona plástica, colocado en la cruz de madera un chayote cocinado y un poco más abajo, una mazorca de maíz tierno.

Es costumbre que la familia llegue al cementerio acompañada de la banda del pueblo para celebrar con música, el ritual de la primera ofrenda. Ante la tumba, las mujeres extienden varios manteles blancos bordados

be seen by the candlelight and the bonfire. Visitors are welcomed with a boiling hot punch. The natives also drink this punch to try to keep cold at bay.

Two o'clock in the morning is a good time to return to Ihuatzio. In this cemetery you can see the majority of offerings around the tombs forming small "rooms." They are really impressive! A mass takes place at five o'clock in the morning at the cemetery, right after the vigil of the dead.

VIGIL OF THE ADULTS IN ZIRAHUEN

On November 2, I returned to Zirahuen, a place of dreams, traditions, and legends. The morning before, I participated in the offering of the little angels, and returned to participate in the offering of the adults. Zirahuen has an indigenous and mestizo population. The town is near the edge of the lake and is also called Zirahuen, a place where the sky is reflected in the clear blue of the lake. This lake is made reference to in a legend as "mirror of the gods."

At the entrance of the town some of the children were carrying pumpkins and stopped the vehicles to ask for a contribution to *"buy a candle which had already burned down."*

In the cemetery of Zirahuen the vigil of adults starts on the morning of November 2. Here the offerings mix the traditional with the modern. The offerings manifested a prominent use of floral arrangements made with plastic material, but the indigenous customs continue to dominate and are evident in the decoration of the tombs. One of these tombs has been adorned with a plastic crown, a wooden cross, a cooked chayote, and an ear of ripped corn.

I was fortunate to arrive at the cemetery just in time when a family accompanied by a town band

63

por ellas, con los que cubren el montículo levantado. Acomodan en la cabecera, las coronas de plástico, las ofrendas de flores naturales y rodean la tumba con las tinajas llenas de frutas y de vegetales hervidos, que después de los rezos, reparten a los presentes.

La voz de la rezandera se escucha nuevamente, pero en esta ocasión con oraciones diferentes:

"Bendita sea la gloria,
no tiene comparación;
cuando el pecador se salva,
se regocija el Señor".

Se escuchan rezos del Ave María de toda la familia reunida alrededor de la tumba, bellamente decorada, a la que le siguen cantos litúrgicos. Desde otras tumbas igualmente se escuchan los cantos, con las estrofas repetidas por toda la familia, igual que cuando se ofrenda y reza para los niños.

"La Virgen que mucho puede,
le suplica a mi Señor,
que se convierta y se salve
el ingrato pecador".

Alternando con las oraciones, la banda no deja de interpretar la música de la región. En Zirahuén, el Día de Muertos es también una fiesta de amor y evocación en honor de los fallecidos, donde las ofrendas son compartidas generosamente entre todos.

SANTA FE DE LA LAGUNA

Para concluir el recorrido del día dos de noviembre, está el cementerio de Santa Fe de la Laguna, enmarcado por los tonos rosas y violeta del atardecer, hora en que se inicia la velación. Las familias se reúnen para renovar el sentimiento de amor y devoción hacia sus fallecidos. En este panteón, destacan más las ofrendas para los niños, que las que se hacen para los adultos.

El diseño de las ofrendas nuevas para los niños representan pequeñas capillas o altares diminutos y se les llama "armazón". La construcción está hecha de madera forrada con papel de color. El blanco y rojo, representa a un niño; el blanco, azul y turquesa a una niña.

Reynaldo, un nativo de la población, comentó que estaba velando a su hijito fallecido de infección estomacal. El 31 de octubre, él y su esposa, como acostumbran los padres de los niños que han fallecido, hacen una "fiestita" en honor de su hijito. Durante la reunión cuelgan bananas y frutas en el armazón, en tanto que los padrinos cooperan con el pan de muerto y las figuritas de azúcar. En las fiestas en honor de los

arrived to celebrate the ritual of their first offering. In front of the tomb, the women spread out several white tablecloths embroidered by them, and covered the lifted mound. They placed plastic crowns, offerings of natural flowers on the deadstone and surrounded the tomb with pots full of offerings that were shared with the people that were present.

Once more, I saw the prayer-lady that gave the response on the previous day during the vigil of the little angels. On this occasion her prayers were different:

"Blessed be the glory
there is no comparison
when a sinner is saved
God rejoices."

Prayers of Hail Mary followed by church songs were heard by a family that gathered around the beautifully decorated tomb. From other tombs the same songs and prayers are heard by other families, just like the ones offered in honor of the little children.

"The Virgin who pleads and
intercedes with God
for the conversion and
salvation of an unworthy sinner."

Alternating with prayers, the band continued playing music from the region. In Zirahuen, the Day of the Dead is also a celebration of love and devotion in honor of the deceased, where the offerings are generously shared among those present.

SANTA FE DE LA LAGUNA

To conclude the trip on November 2, I stopped at Santa Fe de la Laguna cemetery. This was my last stop. The vigil started and was enhanced by the rose and violet tones of the sunset. The families gathered to remember their loved ones. In this cemetery the offerings in honor of the children were more prominent than the offerings in honor of the adults.

The designs of the new offerings in honor of the children are represented by small chapels or tiny altars and are called "Armazon." The structure is made out of wood covered with colored paper. The white and red represent a boy, and white, blue and turquoise a girl.

Reynaldo, a native of the town, was remembering his son who passed away due to a stomach infection. On October 31, he and his wife, as well as other parents of deceased children, held a small celebration in honor of their child. During the gathering they hung bananas and fruits on the altars, and the god-

niños, se sirve: atole, tamales; según es costumbre, los padrinos de bautizo y confirmación también organizan una "fiestita" cuando el niño muere.

Aquí, una sencilla cruz de *cempasúchitl* en la tumba de un adulto, representa su primera ofrenda.

Como nota característica del lugar, en el cementerio de Santa Fe de la Laguna, a diferencia de los demás cementerios, sólo se enciende una vela en cada tumba.

Y así, entre una población y otra del área lacustre de Pátzcuaro, se puede recorrer por varios días el camino de la vida, que por las creencias de sus pobladores se enlaza con la muerte en una misma realidad.

parents contributed with pan de muerto (a special bread made for the occasion) and small sugar figurines. At these celebrations, atole and tamales are served and according to tradition, the baptismal and confirmation godparents give a "small party" when the child dies.

Here in Santa Fe de la Laguna, a cross of *cempasuchitl* at the tomb of an adult represents their first offering. In contrast to other cemeteries, only one candle is lit on each tomb.

Thus, in Michoacan, you can tour for various days through each town through the journey of life, where due to the people's beliefs, death and life intertwine.

RESPONSO PARA LAS ALMAS DE LOS NIÑOS

Dichoso de ti ángel bello
que a la gloria vas a entrar.
Con tu palma y tu corona
y tu vestido de cristal.

El Coro que sigue, se intercala
después de cada estrofa:

    Dichoso de ti angelito,
    dichoso el día en que naciste.
    Dichoso tu padre y madre
    y padrinos que tuviste (bis)

    Coronita me has pedido
    coronitas te he de dar.
    Todo te lo he concedido
    todo tuviste en tu altar.

    Ya se murió el angelito
    válgame Dios que alegría.
    Lo recibirán los ángeles
    para cantarle a María.

    En aquel jardín de flores
    de blanco vas coronado.
    Ruega por los pecadores
    cuando a la gloria hayas entrado.

No llores madre afligida
ni te cause desconsuelo.
Que Dios te tiene escogida
para dar ángeles al cielo.

Todo de estrellas rodeado
quisiera verme a tu lado.
No te olvides de tus padres
aunque a la gloria hayas entrado.

Ángel te vas para el cielo
con tu azucena en la mano.
Pídele a María Santísima
perdón para tus hermanos.

    Del Eterno las riquezas
    ahora las vas a gozar.
    De la Virgen las finezas
    y mil siglos a cantar.

    Ya te vas ángel del cielo
    con tu fragante amapola.
    Con tu vestido de flores
    te vas a la eterna gloria.

    Ángel te vas para el cielo
    con tu oloroso romero.
    No te olvides de tus padres
    de ellos harás recuerdo.

    Adiós madre mía querida
    trono de toda tu gama.
    Ya se va tu hijo querido
    nacido de tus entrañas.

    Adiós madre ya no llores
    pídele a Dios el consuelo.
    Me voy cubierto de flores
    me voy derechito al cielo.

    Adiós padres de mi vida
    dueños de mi corazón.
    A ti clemencia enseguida
    y échenme su bendición

RESPONSE FOR THE SOUL OF THE CHILDREN

Blessed lovely angel
as you enter Paradise.
With your crystal dress
a palm and a crown to wear.

The following chorus
is inserted after each stanza:

Blessed are you little angel
blessed be the day you were born.
Blessed be your father and mother
and godparents you had.

You asked for a crown
and indeed a crown you will receive.
All that has been given to you
has been placed at the altar.

A little angel has died
a little crown he shall receive.
Angels will welcome him
to serenade the Virgin Mary.

In a garden full of flowers
you are crowned in white.
Pray for the sinners
once you have entered eternal glory.

Don't cry afflicted mother
and do not lose heart.
God has chosen you
to give angels to heaven.

Surrounded by stars
I would like to be at your side.
Do not forget your parents
as you enter paradise.

Angel, you are going to heaven
with your white lily in your hand.
Ask Saint Mary
for the forgiveness of your brothers.

Now God's riches
and attention from the Virgin,
you will now enjoy
singing forevermore.

As you leave heavenly angel and
carry the fragrance of poppy flower.
Cloaked in a flowered dress
as you enter glory.

Angel, as you enter glory,
with your fragrant rosemary,
do not forget your parents
and remember them often.

Goodbye my dear mother
center of my universe.
Your beloved child is leaving
the one born from within your womb.

Goodbye mother, don't cry
please ask God for consolation.
I leave covered with flowers
as I go directly to heaven.

Goodbye my beloved parents
owners of all my heart.
I ask forgiveness from both of you
and bless me before I leave.

El Altar–Ofrenda

A la muerte, los mexicanos le rinden un culto singular. Entre los antiguos pueblos de México se daba gran importancia al culto de los muertos. Generalmente en todas las culturas indígenas era costumbre sepultarlos junto a sus pertenencias más valiosas y queridas, así como con alimentos y provisiones que le serían útiles en el viaje que emprendían.

Los nahuas tenían dos fechas para honrar a sus muertos, la fiesta de los Muertitos (MIHKAIL-HUITONTLI), celebrada durante el noveno mes y la fiesta grande de los muertos (MIHKAILHUITL), durante el décimo mes.

Con la conquista de México por los españoles y la consecuente mezcla cultural, estas costumbres fueron modificándose con la evangelización. El primero de noviembre, día de Todos los Santos se dedicó a los niños difuntos y la liturgia del 2 se dedicó a los Fieles Difuntos.

The Altar Offering

The Mexican people pay homage to death in an unique way. Among the old villages of Mexico, the ceremony of the deceased was of great importance. It was the custom in all Indian cultures to bury their dead surrounded by their most precious and expensive belongings, along with food and provisions that would be handy in their journey into eternity.

The Nahuas had two days to honor their dead. The celebration to their deceased children (MIHKAIL-HUITONTLI) on the ninth month of the year, and a big celebration to all the deceased (MIHKAILHUITL) was held during the tenth month.

With the conquest of Mexico by the Spaniards and the inevitable cultural fusion, this tradition changed with Evangelization. November 1, the Day of all Saints, was dedicated to deceased children; the liturgy on November 2 was dedicated to all the deceased saints.

Actualmente, el Día de Muertos en México representa una mezcla de la devoción cristiana con las costumbres y creencias prehispánicas y se materializa en el tradicional altar-ofrenda, una de las tradiciones más mexicanas.

El altar-ofrenda es un rito respetuoso a la memoria de los muertos, su propósito es atraer su espíritu. Consiste en obsequiar a los difuntos que regresan ese día a convivir con sus familiares, con los alimentos y objetos, preferidos por ellos en vida para que vuelvan a disfrutarlos durante su breve visita.

En la ofrenda o altar de los muertos no deben faltar la representación de los cuatro elementos primordiales de la naturaleza:

Tierra, representada por sus frutos que alimentan a las ánimas con su aroma.

Viento, representado por algo que se mueva, tan ligero como el viento, empleándose generalmente papel picado o el papel de china.

Agua, un recipiente para que las ánimas calmen su sed después del largo camino que recorren para llegar hasta su altar.

Fuego, una vela por cada alma que se recuerde y una por el alma olvidada.

En la ofrenda también se coloca sal que purifica, *copal* para que las ánimas se guíen por el olfato, flor de *cempasúchitl* que se riega desde la puerta hasta el altar para indicar el camino a las almas, así como un petate al pie del altar-ofrenda para que las ánimas descansen después de su largo recorrido de regreso al hogar, donde siempre hay alguien de la familia esperando la llegada de ellas para demostrarles su respeto con su compañía.

The Day of the Dead in Mexico represents a mixture of Christian devotion and Pre-Hispanic traditions and beliefs. As a result of this mixture, the celebration comes to life as an unique Mexican tradition represented by an altar and an offering dedicated to their deceased relatives.

The offering and the altar dedicated to the memory of the deceased is a very solemn ritual; its purpose is to welcome back their spirit. On these days favorite culinary dishes and the most treasured items of the deceased are placed at the altar for the souls to enjoy their return visit with their relatives.

In the offering or the altar to the deceased, the four main elements of nature—earth, wind, water, and fire—should be included.

The Earth is represented by crop. They believe the souls are fed by the aroma of the harvest.

Wind is represented by a moving object as swift as the wind. Tissue paper is commonly used to represent wind.

Water is placed in a container for the soul to quench its thirst after its long journey to reach the altar.

Fire is represented by a wax candle. Each soul is represented by a lit candle, and an extra one is placed for the forgotten soul.

Salt is also an ingredient that is placed at the altar for purification. *Copal* is burned to guide the souls through its aroma. *Cempasuchitl* flowers are dispersed along the entrance of the house, making a path towards the altar. A mat is placed at the foot of the altar for the soul to rest after their long journey home. Here, family, relatives await the arrival of the soul and pay homage and offer companionship.

Recetas para la Ofrenda–Altar de Día de Muertos

Una tradición del pueblo mexicano es la de recordar a sus seres queridos y honrar la memoria de ellos de una manera especial, a través de la celebración del Día de Muertos, del que forma parte imprescindible la preparación de los platillos que le gustaban al "muertito". Estas ofrendas culinarias se destacan en el altar rodeadas de la flor de *cempasúchitl* cuyo aroma se mezcla con el del *copal*. Presentamos a nuestros lectores algunas recetas fáciles de preparar y muy tradicionales de Michoacán.

Atole de Guayaba

Ingredientes:
2 1/2 litros de leche
1/2 kilo de azúcar
1 kilo de guayaba
1 raja de canela
1/8 cucharadita de bicarbonato
100 grs. de fécula de maíz

Elaboración:
Se lavan, parten y cuecen las guayabas en agua, se licúan, se cuelan y se agregan a la leche con el bicarbonato y azúcar. Se disuelve la fécula en una poca de agua y se añade a la leche. Se pone al fuego lento hasta que espese, sin dejar de mover. Si le falta azúcar añada antes de que hierva (según sea el dulce de las guayabas).

Atole de Galletas Marías

Ingredientes:
1 1/2 litros de leche
350 grs. de azúcar
6 gotitas de esencia de almendras (opcional)
1 paquete de galletas Marías
1 pizca de bicarbonato

Elaboración:
Se muelen las galletas en seco en la licuadora, se agregan a la leche poco a poco junto con el azúcar, bicarbonato y esencia; se pone a fuego lento o en baño María sin dejar de mover hasta que espese.

Recipes for the Day of the Dead

One of the most celebrated traditions in the Mexican culture is the one that honors the memory of their loved ones. In Mexico, this celebration is carried out in a special way, and the tradition is called Day of the Dead. On this occasion, special dishes are prepared, and the relatives of the deceased prepare them in the manner the deceased enjoyed them.

These culinary offerings are the center piece of the offering. The altar is decorated with *cempasuchitl* flowers. The fragrance of the flowers blends with the aroma of burnt *copal*. In this edition, we offer our readers some traditional, easy to prepare recipes, ones which are well known and traditional for this festivity.

Guava Atole

Ingredients:
10 cups milk
1 lb. sugar
2 lb. guava
1 stick cinnamon
1/8 tsp. baking soda
1 cup corn starch

Preparation:
Wash, cut, and cook the guavas. Drain and transfer to a blender. In a saucepan, combine the strained guavas, milk, sugar and baking soda. Dissolve the corn starch in some water and combine it with the rest of the ingredients. Set the mixture over low heat, stirring constantly until it thickens. If needed, add sugar before boiling.

Atole de Galleta María

Ingredients:
6 cups of milk
1/2 lb. sugar
6 drops almond extract
1 package of Marias cookies
1 pinch of baking powder

Preparation:
In a blender grind the cookies. In a saucepan combine all ingredients stirring constantly over low heat until mixture thickens.

CALABAZA EN TACHA

Ingredientes:
1 calabaza de castilla
3 conos de piloncillo
2 cucharadas soperas de cal
1 raja de canela

Elaboración:
Haga varios agujeros pequeños a la calabaza y luego disuelva la cal en tres litros de agua y sumérjala durante una hora. Sáquela y escúrrala.

Hierva el piloncillo y la canela en cuatro tazas de agua, hasta que se forme una miel espesa. Coloque la calabaza en la miel hasta que se impregne por dentro y por fuera. Forre el producto con papel aluminio y colóquelo en un molde refractario. Horneé durante unas horas, según el tamaño de la calabaza. Finalmente pártala en varios pedazos.

UCHEPOS

Ingredientes:
8–10 elotes
1/3 taza de leche
2 cucharadas de azúcar
1/2 cucharadita de sal
2 cucharadas de manteca o mantequilla

Elaboración:
Quite los extremos de los elotes. Quite las hojas teniendo cuidado de no hacerlas pedazos, y póngalas a un lado. Desgrane los granos del elote, como 5 tazas. Ponga los granos en un recipiente, mójese las manos y úselas para revolver los granos y limpiarlos.

Licúe una taza de elote agregando leche a medida que sea necesaria. La consistencia debe ser como la de requesón. Haga los mismo con el resto de los granos de elote.

Bata la manteca o mantequilla agregando la azúcar y la sal mezclándolos bien. En un recipiente con 1/2 pulgada de agua caliente ponga las hojas que estén más duras. En las hojas extendidas ponga como una cucharada de la masa, doble la hoja dejándola un poco suelta. En una olla, acomode los tamales cubriéndolos después con hojas de elote. Tape la olla y ponga los tamales a cocer, cuando el agua empiece a hervir, cueza los tamales a vapor for una hora a fuego lento, hasta que la masa se cuaje .

Deje que los tamales se enfríen por 20 minutos, la hoja se debe separar fácilmente de la masa.

PUMPKIN IN TACHA

Ingredients:
1 pumpkin
3 piloncillos (raw sugar)
2 tablespoons cal (quicklime)
1 cinnamon stick

Preparation:
Cut pumpkin into pieces. Dissolve the cal (quicklime) in 12 cups of water and cover the pumpkin. Let the pumpkin stand overnight. The following day, rinse and drain the pumpkin.

In a saucepan, add 4 cups of water to the raw sugar and cinnamon and cook over medium heat until the mixture thickens. Place the pumpkin in the saucepan and cover with syrup. Place the pumpkin in a baking dish and cover with aluminum foil. Bake for an hour and a half. Cut in pieces and serve.

UCHEPOS

Ingredients:
8–10 ears of corn
1/3 cup milk
2 tablespoons sugar
1/2 teaspoon salt
2 tablespoons softened butter or lard

Preparation:
Use a sharp knife to slice through the thick end of the corn ears. Remove the husks, being careful not to break them, and set them aside. Slice the kernels off the cobs; you should have about 5 cups. Place the kernels in a bowl. Moisten your hands and use them to stir the kernels so that if any corn silk sticks to your hands it can be removed.

Place 1 cup of the corn kernels in a blender and process at high speed, adding milk as necessary. Do not process too thoroughly; the mixture should be the consistency of cottage cheese. Repeat until all the corn has been processed. Stir in the sugar and salt and mix well. Add the softened butter or lard and combine thoroughly.

Place the steamer basket in a steamer and add hot water up to 1/2 inch below the bottom of the basket. Line the basket with the stiffer corn husks.

Take a pliable corn husk, spread it out and place a tablespoon of the filling in it. Roll up the husk loosely and fold the point over the seam. Stack the prepared tamales in the steamer basket with their seams and points facing up, being careful not to crush them.

Sirva los tamales en la hoja o sin ella, ponga dos en un plato con salsa o sírvalos solos. También pueden cocinarse en una olla de presión. Después que escape el vapor, cierre la válvula y cocínelos por 20 minutos.

Sirve 14 a16

PAN DE MUERTO

Ingredientes:

1 cucharada de levadura
1/4 taza agua tibia
4 tazas de harina
6 huevos
1 cucharadita de sal
1/2 taza de mantequilla, derretida
agua de azahar (opcional)
la clara de un huevo y media yema
azúcar para espolvorear

Preparación:

Se mezcla la levadura con el agua y 1/3 de taza de harina. Se deja para que doble su volumen. Por otro lado se cierne la harina, en el centro se ponen los huevos, la sal, azúcar, anís, nuez moscada, mantequilla, agua de azahar. Se amasa bien y se le agrega la levadura. Se vuelve amasar por 15 minutos o hasta que la masa se despeje fácilmente de la superficie.

Cover with another layer of corn husks and place the lid on the steamer. When the water comes to a boil, reduce the heat to low and cook for 1 hour or until the filling inside a husk appears curdled.

Let the tamales cool for at least 20 minutes so that they dry and the filling does not stick to the husks.

The tamales can be served rolled in the husk or unrolled and placed two on a plate with a little salsa. Or they can be served by themselves.

The tamales can also be cooked in a pressure cooker. After the steam escapes, close the valve and cook for 20 minutes.

Serves 14 to 16

PAN DE MUERTO
(Day of the Dead Bread)

Ingredients:

1 teaspoon dry yeast
1/4 cup lukewarm water
4 cups all-purpose flour
6 eggs
1 teaspoon salt
1/2 cup butter, melted
orange-flower water (optional)
egg wash (1 egg white plus 1/2 egg yolk)
sugar for sprinkling
aniseed and nutmeg

Preparation:

Combine the yeast with the water and 1/3 cup of the flour. Let stand until the mixture doubles in volume.

Place the remaining flour in a large bowl, and in the center place the eggs, salt, sugar, aniseed, nutmeg, butter, and orange-flower water. Beat together, then add the yeast mixture, combining it with the dough. Knead on a floured board for 15 minutes or until the dough no longer sticks to the surface.

Place the dough in a greased bowl. Cover with a cloth and let rise in a warm, draft free area for 3 hours or until the mixture doubles in volume.

Preheat the oven to 450°F. Pinch off about 1/3 of the dough and form into a 2-inch ball. Shape the ball into a long rope. Mold pieces of the rope to resemble little bones. Set aside.

Shape the remaining dough into a round loaf and lightly graze with egg wash. Place the ball of dough in the center of the loaf and arrange the "bones" in a circular pattern around the ball. Glaze with the remaining egg wash.

Se coloca en un recipiente engrasado. Cúbrala con un mantelito y déjela que doble su volumen como por 3 horas en un lugar donde no haga aire y la temperatura sea agradable.

Ponga a calentar el horno a 450°F. Haga una bola con una 1/3 parte de la masa. Antes de meter el resto de las bolas al horno se adornan con huesos, hechos éstos con la misma masa y pegados con huevo batido ligeramente.

Se meten al horno caliente por 10 minutos. Baje la temperatura a 350°F, y déjelas por 30 minutos más.

Espolvoreé con azúcar y sírvalas.

CORUNDAS

Ingredientes:

1 kilogramo de maíz
250 gramos de manteca
1/4 de crema
200 gramos de queso fresco
1 cucharadita de royal
2 tazas de ceniza de carbón de madera
1 cucharadita de cal
1 manojo de hojas de maíz verdes

Bake for 10 minutes in the hot oven. Lower the temperature to 350°F, and continue baking for 30 minutes.

Sprinkle with sugar and serve at room temperature.

CORUNDAS

Ingredients:

2 lbs. corn
250 grams lard
2 cups sour cream
200 grams Feta cheese
1 tsp. baking powder
2 cups wood ashes
1 tsp. cal (quicklime)
1 bundle of green husks
4 chiles poblanos
1 medium size onion
1 lb. tomatoes broth as needed
300 grams. mozarella cheese

Preparation:

In two liters of water soak the corn, ashes, lime. Bring it to a boil and stir constantly for 15 minutes. Remove from heat. Rinse with cold water and rub several times

4 chiles poblanos
1 cebolla mediana
1/2 kilogramo de jitomate
caldo el necesario
300 gramos de queso panela

Elaboración:

En dos litros de agua se pone el maíz, la ceniza, la cal y se pone en el fuego, cuando empieza a hervir se deja 15 minutos, se mueve continuamente y se retira. Se lava varias veces con agua fría y se frota para que se le caiga el pellejo, se muele para que quede como masa.

Se bate la manteca hasta acremarse, se le pone el royal, se une a la masa y poco a poco se le añade el caldo, se bate mucho, hasta que esponje.

Cuando una bolita de la masa flote en un vaso con agua fría; está a punto.

Se le agrega el queso fresco desmoronado, la crema, sal y se vuelve a batir.

En un poco de manteca se fríen los chiles asados, desvenados y cortados en tiritas, se les añade el jitomate asado, pelado y molido en la licuadora con la cebolla, se cuela y se sazona con sal y pimienta se deja hasta que espese, se le añade el queso panela en cuadritos.

En cada hoja se pone un poco de masa, un poco del relleno y se doblan en forma de triángulo, se colocan en la vaporera y se cuecen por una hora.

¡DISFRUTE!

to remove the tough outer coating before grinding it to make masa.

Grind the lard and add the baking powder and combine thoroughly, mix until the lard has a creamy texture and add to the masa. Knead the masa adding broth as needed until fluffy.

In a glass with cold water, place a little ball of masa. When the ball floats, the masa is ready.

When the masa is ready, add the crumbly cheese, cream and salt and mix. Heat the oil over medium-high heat in a skillet. Add the toasted chiles without membranes and seeds, in strips. Peel the toasted tomatoes and blend with onion. Strain the tomatoes and add to the chiles, seasoned with salt and pepper and leave for a few minutes until it thickens. Remove and add mozzarella cheese in small pieces.

Place a little of the masa and the chile mix in a corn husk and fold it in the shape of a triangle. Put 4 cups of water in the bottom of a steamer and cover the basket with a layer of corn husks. As soon as the water comes to a boil, lower the heat, cover and cook for 1 hour (25 minutes in a pressure cooker) or until the masa does not stick to the corn husk when it is unrolled.

ENJOY!

Fotografías

Photographs

Página 62: Luna llena sobre el cementerio de Cucuchucho.

Página 63: *Superior:* Vigilia en el cementerio de Cucuchucho. *Centro:* Niños solicitando dinero para comprar velas. *Inferior:* La banda de Zirahuén participa en la celebración de una Ofrenda Nueva en el cementerio de Zirahuén.

Página 64: Ofrendas Nuevas en el cementerio de Zirahuén.

Página 66: Velación con los rezanderos.

Página 67: Niñas mirando a través de una puerta semi abierta. En la parte superior se destacan colgadas las flores de cempasúchitl, como señal de que en esta casa de Erongarícuaro hay un altar-ofrenda.

Página 70: Velación en el cementerio de Ihuatzio.

Página 71: Altar en la Casa de Artesanías de Morelia.

Página 72: Profusión de flores de cempasúchitl.

Página 73: Cruz de cempasúchitl en un altar.

Página 74: Arreglo tradicional en el que se destacan el pan, las frutas y el maíz.

Página 77: La ofrenda contiene pan en forma de animales, figuras de azúcar, frutas y está decorada con la flor de la época: el cempasúchitl.

Páginas 78 y 79: Maíz de diferentes colores.

Page 62: Full moon over the cemetery of Cucuchucho.

Page 63: *Top:* Vigil at the cemetery of Cucuchucho. *Center:* Children asking for money to buy candles. *Bottom:* The band of Zirahuen participates in the celebration of the New Offering honoring a member of the family.

Page 64: New Offerings in the cemetery of Zirahuen.

Page 66: Vigil with the men in charge of the prayers.

Page 67: Girls looking through a left ajar door. At the top of the entrance the hanging flowers of *cempasuchitl* signal the existence of an *altar-ofrenda*, honoring the memory of a loved one in that house in Erongicuaro.

Page 70: Vigil at the cemetery of Ihuatzio.

Page 71: Altar at the House of Crafts in Morelia.

Page 72: Abundance of *cempasuchitl* flowers.

Page 73: Cross of *cempasuchitl* on an altar.

Page 74: Traditional arrangement in which bread, fruits and corn can be seen.

Page 77: The offering is decorated with figures of animals made of bread, sugar, fruits and *cempasuchitl*.

Pages 78 and 79: Various types of corn.

Live the Experience of an Authentic Culture in the Middle of México.

Color paradise, adventure and tradition that you'll find in it's natural beauties, religious celebrations, architecture, handcrafts and the kindness of the people.

For that and more the route is **Michoacán.**

Michoacán
M E X I C O

Tourism Secretary of the state of Michoacán.
Nigromante No. 79 Palacio Clavijero
Col. Centro C.P. 58000
Call: (43) 12 80 81/ 12 72 89/ 13 26 54
Fax: (43) 12 98 16

Toll Free: (800) 4 50 23 00
Internet: http://mexico-travel.com
e-mail:sturismo@mail.giga.com
Morelia, Michoacán. México.

EL RUMBO ES
MICHOACAN

*Promovemos y somos guardianes
de nuestras raíces culturales*

*We celebrate and promote
our cultural roots*